제36회 공인중개사 시험대비 **전면개정판**   동영상강의 www.pmg.co.kr

박문각 공인중개사

브랜드만족
1위
박문각

20
25

근거자료
별면표기

송성호
중개사법

야, 나도
채울 수 있어!
빵구노트

송성호 편저

박문각

CONTENTS

이 책의 차례

야, 나도 채울 수 있어! 빵구노트

총 칙

1 목적
① (공인중개사)의 업무에 관한 사항을 정하여 그 (전문성)을 제고함
② 부동산 (중개업)을 건전하게 육성
③ 국민(경제)에 이바지함

2 중개의 대상
① 권리금(x) 금전채권(x) 금전소비대차(x) 금전소비대차에 부수한 저당권(○) 대토권(x) 이주자 택지를 공급받을 지위(x) 광업권(x) 광업재단(○) 분양권(○) 장래에 건축될 건축물(○) 객관적으로 존재하여 현실제공이 가능한 입주권(○) 분양예정자로 선정될 지위인 입주권(x) 분필하지 않은 1필지 일부의 저당권(x) 분필하지 않은 1필지 일부의 임차권(○) 명인방법을 갖춘 수목의 집단에 저당권 설정(x) 입목에 저당권 설정(○) 세차장구조물(x) 무주(無主)의 부동산(x) 무허가건물(○) 미등기건물(○)
② 유치권 성립(x) 유치권 이전(○) 법정지상권 성립(x) 법정지상권 이전(○) 질권(x) 점유권(x) 분묘기지권(x) 분묘가 수 개 있는 임야(○) 특허권(x) 저당권 등 담보물권(○)
③ 증여(x) 사용대차(x) 경매(x) 상속(x)
환매권 이전(○) 환매등기가 된 토지(○) 환매권 행사(x)
ox 권리금은 중개대상물에 해당한다.(x)
개업공인중개사는 권리금계약서를 작성할 수 있다.(x)

3 용어의 정의
(1) 중개업
① 중개업이라 함은 다른 사람의 의뢰에 의하여 일정한 (보수)를 받고 중개를 (업으로) 행하는 것을 말한다.
② 중개사무소의 개설등록을 하지 아니한 자도 중개업 요건을 충족시킬 수 있다.(○)
③ 중개사무소의 개설등록을 하지 아니한 자가 보수를 실제로 받지 않고 요구·약속만 경우 무등록 중개업자로 처벌된다.(x)
④ 중개사무소의 개설등록을 하지 아니한 자가 우연한 기회에 1회 중개한 경우 무등록 중개업자로 처벌된다.(x)
⑤ 중개사무소의 개설등록을 하지 아니한 자가 부동산컨설팅에 부수해서 중개업을 한 경우 무등록 중개업자로 처벌된다.(○)

(2) 공인중개사와 개업공인중개사
① 공인중개사라 함은 공인중개사자격을 취득한 자(○), 자격을 취득하고 중개업을 영위하는 자(x), 외국에서 자격을 취득한 자(x)
② 개업공인중개사라 함은 중개사무소의 개설등록을 한 자(○), 자격을 취득하고 중개사무소의 개설등록을 한 자(x), 중개사무소의 개설등록을 한 공인중개사(x), 개업을 한 자(x)

총 칙

1 목적
① (　　　　　)의 업무에 관한 사항을 정하여 그 (　　　　)을 제고함
② 부동산 (　　　　)을 건전하게 육성
③ 국민(　　)에 이바지함

2 중개의 대상
① 권리금(　) 금전채권(　) 금전소비대차(　) 금전소비대차에 부수한 저당권(　) 대토권(　)
이주자 택지를 공급받을 지위(　) 광업권(　) 광업재단(　) 분양권(　) 장래에 건축될 건축물
(　) 객관적으로 존재하여 현실제공이 가능한 입주권(　) 분양예정자로 선정될 지위인 입주
권(　) 분필하지 않은 1필지 일부의 저당권(　) 분필하지 않은 1필지 일부의 임차권(　)
명인방법을 갖춘 수목의 집단에 저당권 설정(　) 입목에 저당권 설정(　) 세차장구조물(　)
무주(無主)의 부동산(　) 무허가건물(　) 미등기건물(　)
② 유치권 성립(　) 유치권 이전(　) 법정지상권 성립(　) 법정지상권 이전(　) 질권(　) 점유권(　)
분묘기지권(　) 분묘가 수 개 있는 임야(　) 특허권(　) 저당권 등 담보물권(　)
③ 증여(　) 사용대차(　) 경매(　) 상속(　)
환매권 이전(　) 환매등기가 된 토지(　) 환매권 행사(　)
　　[ox] 권리금은 중개대상물에 해당한다.(　)
　　　개업공인중개사는 권리금계약서를 작성할 수 있다.(　)

3 용어의 정의
(1) 중개업
① 중개업이라 함은 다른 사람의 의뢰에 의하여 일정한 (　)를 받고 중개를 (　　) 행하는
것을 말한다.
② 중개사무소의 개설등록을 하지 아니한 자도 중개업 요건을 충족시킬 수 있다.(　)
③ 중개사무소의 개설등록을 하지 아니한 자가 보수를 실제로 받지 않고 요구·약속만 경우
무등록 중개업자로 처벌된다.(　)
④ 중개사무소의 개설등록을 하지 아니한 자가 우연한 기회에 1회 중개한 경우 무등록 중개업자
로 처벌된다.(　)
⑤ 중개사무소의 개설등록을 하지 아니한 자가 부동산컨설팅에 부수해서 중개업을 한 경우
무등록 중개업자로 처벌된다.(　)

(2) 공인중개사와 개업공인중개사
① 공인중개사라 함은 공인중개사자격을 취득한 자(　), 자격을 취득하고 중개업을 영위하는
자(　), 외국에서 자격을 취득한 자(　)
② 개업공인중개사라 함은 중개사무소의 개설등록을 한 자(　), 자격을 취득하고 중개사무소
의 개설등록을 한 자(　), 중개사무소의 개설등록을 한 공인중개사(　), 개업을 한 자(　)

(3) 소속공인중개사와 중개보조원

① 소속공인중개사 : **(공인중개사)**로서 개업공인중개사에 소속되어 중개업무를 수행하거나 중개업무를 **(보조)**하는 자를 말한다. 법인의 임원 또는 사원으로서 공인중개사인 자는 소속공인중개사에 **(포함)**된다.

② 중개보조원 : **(공인중개사가 아닌 자)**로서 개업공인중개사에 소속되어 **(현장)**안내, 일반서무 등 중개업무와 관련된 **(단순한)** 업무를 보조하는 자를 말한다.

공인중개사제도

1 공인중개사 자격시험

(1) 시험시행기관(장)

원칙 : **(시·도지사)** 예외 : **(국토교통부장관)**

(2) 시험시행공고

① 개략적 사항의 공고 : 매년 2월 **(말)**일까지 공고하여야 한다.

② 필요한 사항의 공고 : 시험의 시행에 관하여 필요한 사항을 시험시행일 **(90)**일 전까지 공고하여야 한다.

(3) 시험의 시행

① 시험은 매년 1회 **(이상)** 시행한다. 다만, 부득이한 사정이 있는 경우 **(심의위원회)**의 의결을 거쳐 해당 연도의 시험을 실시하지 않을 수 있다.

② 국토교통부장관이 직접 자격시험의 시험문제를 출제하거나 시험을 시행하고자 하는 때에는 **(심의위원회)**의 의결을 미리 거쳐야 한다.

(4) 응시 결격사유

① 자격취소 +**(3)**년 & 중개보조원으로 활동할 수 **(없다.)**

② 부정행위자 +**(5)**년 ⇨ 해당 시험은 **(무효)**이고, 그 처분이 있은 날부터 **(5)**년간 응시자격을 정지한다. but 중개보조원으로 활동할 수 **(있다.)**

> ox 미성년자는 자격시험에 응시할 수 있다.(○)
>
> 외국인은 자격시험에 응시할 수 있다.(○)
>
> 피한정후견인은 자격시험에 응시할 수 있다.(○)

(5) 자격증 교부

① **(시·도지사)**는 합격자의 결정·공고일부터 **(1)**개월 이내에 교부대장에 기재한 후, 자격증을 교부하여야 한다. 교부대장은 **(전자적)**인 처리가 가능한 방법으로 작성·관리하여야 한다.

② 국토교통부장관이 시험을 시행한 경우에도 자격증은 **(시·도지사)**가 교부한다.

③ 자격증 교부는 수수료 납부(x) 자격증 재교부는 수수료 납부(○)

(3) 소속공인중개사와 중개보조원

① 소속공인중개사 : (   )로서 개업공인중개사에 소속되어 중개업무를 수행하거나 중개업무를 (   )하는 자를 말한다. 법인의 임원 또는 사원으로서 공인중개사인 자는 소속공인중개사에 (   )된다.

② 중개보조원 : (   )로서 개업공인중개사에 소속되어 (   )안내, 일반서무 등 중개업무와 관련된 (   ) 업무를 보조하는 자를 말한다.

공인중개사제도

1 공인중개사 자격시험

(1) 시험시행기관(장)

원칙 : (   ) 예외 : (   )

(2) 시험시행공고

① 개략적 사항의 공고 : 매년 2월 (   )일까지 공고하여야 한다.

② 필요한 사항의 공고 : 시험의 시행에 관하여 필요한 사항을 시험시행일 (   )일 전까지 공고하여야 한다.

(3) 시험의 시행

① 시험은 매년 1회 (   ) 시행한다. 다만, 부득이한 사정이 있는 경우 (   )의 의결을 거쳐 해당 연도의 시험을 실시하지 않을 수 있다.

② 국토교통부장관이 직접 자격시험의 시험문제를 출제하거나 시험을 시행하고자 하는 때에는 (   )의 의결을 미리 거쳐야 한다.

(4) 응시 결격사유

① 자격취소 +(   )년 & 중개보조원으로 활동할 수 (   )

② 부정행위자 +(   )년 ⇨ 해당 시험은 (   )이고, 그 처분이 있은 날부터 (   )년간 응시자격을 정지한다. but 중개보조원으로 활동할 수 (   )

> OX 미성년자는 자격시험에 응시할 수 있다.(   )
> 외국인은 자격시험에 응시할 수 있다.(   )
> 피한정후견인은 자격시험에 응시할 수 있다.(   )

(5) 자격증 교부

① (   )는 합격자의 결정·공고일부터 (   )개월 이내에 교부대장에 기재한 후, 자격증을 교부하여야 한다. 교부대장은 (   )인 처리가 가능한 방법으로 작성·관리하여야 한다.

② 국토교통부장관이 시험을 시행한 경우에도 자격증은 (   )가 교부한다.

③ 자격증 교부는 수수료 납부(   ) 자격증 재교부는 수수료 납부(   )

주의 ① 자격과 관련된 일은 무조건 (자격증을 교부한 시·도지사)가 한다.
　　　예 자격취소, 자격정지, 자격증 재교부 등은 (자격증을 교부한 시·도지사)가 한다.
　　② 시험(자격의 취득)과 관련된 일은 (심의위원회)가 한다.

(6) 자격증 대여의 판단기준

① **(실질적)**으로 무자격자가 중개업무를 수행하였다면 자격증 대여에 해당한다.
② 공인중개사가 무자격자와 동업을 했고, 무자격자가 자금을 투자했지만 중개업무를 수행하지 않았다면 자격증 대여(x)
③ 공인중개사가 무자격자와 동업을 했고, 무자격자가 주로 중개업무를 수행했다면 자격증 대여(○)
④ 공인중개사 유사 명칭 : **(부동산)**뉴스대표, ○○ **(부동산)**Cafe

2 심의위원회

구분	심의위원회
설치	**(국토교통부)**에 둘 수 있다(임의기관).
위원장	① 국토교통부 **(제1차관)**이 위원장이 된다. ② 부위원장은 **(없다.)** ③ 위원장이 직무를 수행할 수 없을 때에는 위원장이 미리 **(지명)**한 위원이 직무를 대행한다. 　ox 부위원장이 직무를 대행한다.(x)
위원	① **(국토교통부장관)**이 임명 또는 위촉한다. ② 임기 **(2)**년(연임 제한 규정은 없음) ③ 보궐위원은 전임자 임기의 **(남은)** 기간 ★ 땜빵은 땜빵만 잘하면 된다.
구성	위원장 1명 포함해서 **(7)**명 이상 **(11)**명 이내 ★ 세븐 일레븐
제척	① 위원이 해당 안건의 당사자인 경우 ② 배우자 또는 **(배우자)**이었던 자가 해당 안건의 당사자인 경우 ③ 위원이 해당 안건의 당사자와 친족 또는 **(친족)**이었던 경우 ④ 위원이 해당 안건의 당사자의 대리인 또는 **(대리인)**이었던 경우 ⑤ 위원이 해당 안건에 대해서 증언, 조사, 연구, 감정, 자문을 한 경우 ⑥ 위원이 해당 안건의 공동권리자 또는 공동**(의무자)**인 경우
통보	회의 개최 **(7)**일 전까지 통보하여야 한다(부득이한 사유가 있으면 전날까지 통보할 수 있다). 　ox 부득이한 사유가 있으면 통보를 생략할 수 있다.(x)
운영	**(재적)**위원 과반수의 출석으로 개의하고, **(출석)**위원 과반수의 찬성으로 의결한다. 　ox 재적위원 과반수 찬성으로 의결한다.(x)
간사 서기	간사 1명을 둔다. but 서기는 **(없다.)** 위원장이 간사를 지명한다.

주의 ① 자격과 관련된 일은 무조건 ( )가 한다.

　　　㉠ 자격취소, 자격정지, 자격증 재교부 등은 ( )가 한다.

　　② 시험(자격의 취득)과 관련된 일은 ( )가 한다.

(6) 자격증 대여의 판단기준

① ( )으로 무자격자가 중개업무를 수행하였다면 자격증 대여에 해당한다.

② 공인중개사가 무자격자와 동업을 했고, 무자격자가 자금을 투자했지만 중개업무를 수행하지 않았다면 자격증 대여( )

③ 공인중개사가 무자격자와 동업을 했고, 무자격자가 주로 중개업무를 수행했다면 자격증 대여( )

④ 공인중개사 유사 명칭 : ( )뉴스대표, ○○( )Cafe

2 심의위원회

구분	심의위원회
설치	( )에 둘 수 있다(임의기관).
위원장	① 국토교통부 ( )이 위원장이 된다. ② 부위원장은 ( ) ③ 위원장이 직무를 수행할 수 없을 때에는 위원장이 미리 ( )한 위원이 직무를 대행한다. ox 부위원장이 직무를 대행한다.( )
위원	① ( )이 임명 또는 위촉한다. ② 임기 ( )년(연임 제한 규정은 없음) ③ 보궐위원은 전임자 임기의 ( ) 기간 ★ 땜빵은 땜빵만 잘하면 된다.
구성	위원장 1명 포함해서 ( )명 이상 ( )명 이내 ★ 세븐 일레븐
제척	① 위원이 해당 안건의 당사자인 경우 ② 배우자 또는 ( )이었던 자가 해당 안건의 당사자인 경우 ③ 위원이 해당 안건의 당사자와 친족 또는 ( )이었던 경우 ④ 위원이 해당 안건의 당사자의 대리인 또는 ( )이었던 경우 ⑤ 위원이 해당 안건에 대해서 증언, 조사, 연구, 감정, 자문을 한 경우 ⑥ 위원이 해당 안건의 공동권리자 또는 공동( )인 경우
통보	회의 개최 ( )일 전까지 통보하여야 한다(부득이한 사유가 있으면 전날까지 통보할 수 있다). ox 부득이한 사유가 있으면 통보를 생략할 수 있다.( )
운영	( )위원 과반수의 출석으로 개의하고, ( )위원 과반수의 찬성으로 의결한다. ox 재적위원 과반수 찬성으로 의결한다.( )
간사 서기	간사 1명을 둔다. but 서기는 ( ) 위원장이 간사를 지명한다.

등록절차와 분사무소 설치절차

1 등록절차

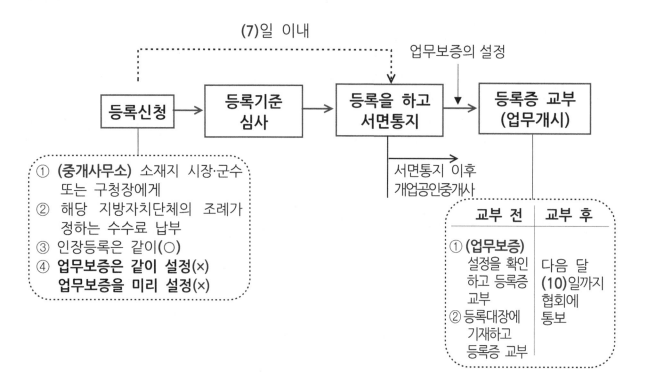

2 분사무소 설치절차

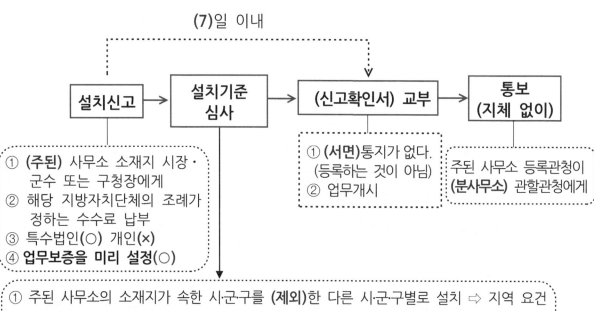

등록절차와 분사무소 설치절차

1 등록절차

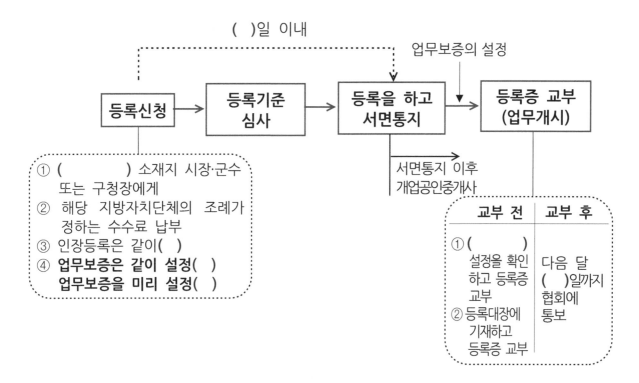

( )일 이내

업무보증의 설정

등록신청 → 등록기준 심사 → 등록을 하고 서면통지 → 등록증 교부 (업무개시)

① ( ) 소재지 시장·군수 또는 구청장에게
② 해당 지방자치단체의 조례가 정하는 수수료 납부
③ 인장등록은 같이( )
④ **업무보증은 같이 설정( )**
   업무보증을 미리 설정( )

서면통지 이후 개업공인중개사

교부 전	교부 후
① ( ) 설정을 확인 하고 등록증 교부 ② 등록대장에 기재하고 등록증 교부	다음 달 ( )일까지 협회에 통보

2 분사무소 설치절차

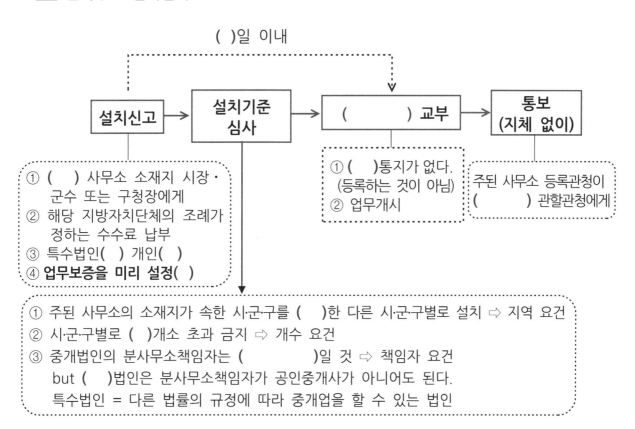

( )일 이내

설치신고 → 설치기준 심사 → ( ) 교부 → 통보 (지체 없이)

① ( ) 사무소 소재지 시장·군수 또는 구청장에게
② 해당 지방자치단체의 조례가 정하는 수수료 납부
③ 특수법인( ) 개인( )
④ **업무보증을 미리 설정( )**

① ( )통지가 없다. (등록하는 것이 아님)
② 업무개시

주된 사무소 등록관청이 ( ) 관할관청에게

① 주된 사무소의 소재지가 속한 시·군·구를 ( )한 다른 시·군·구별로 설치 ⇨ 지역 요건
② 시·군·구별로 ( )개소 초과 금지 ⇨ 개수 요건
③ 중개법인의 분사무소책임자는 ( )일 것 ⇨ 책임자 요건
   but ( )법인은 분사무소책임자가 공인중개사가 아니어도 된다.
   특수법인 = 다른 법률의 규정에 따라 중개업을 할 수 있는 법인

법인의 등록기준

1. 법인의 등록기준

① 대표자는 공인중개사, 대표자를 (제외)한 임원 또는 사원의 (3분의 1)이상이 공인중개사일 것

주의 사원(합자회사 또는 합명회사의 무한책임사원)은 이사급을 의미한다.

예 ┌ 대표자 1명 ⇨ 공인중개사
　　└ 대표자 아닌 임원 1명 ⇨ (공인중개사)

② 대표자를 포함하여 임원 또는 사원 (전원)이 실무교육 수료할 것

OX 공인중개사가 아닌 임원 또는 사원도 실무교육을 수료하여야 한다.(○)

③ 사무소에 대한 사용권을 확보할 것, but 중개사무소의 면적 제한(×)

(건축물대장에 기재된 건물○, 준공검사, 사용승인 등을 받은 건물로서 아직 건축물대장에 기재되지 않은 건물(○), 가설건축물(×), 무허가건물(×) + 소유, 전세, 임대차, 사용대차 등)

예 무허가건물 ┌ 중개대상물(○)　　　예 사용대차 ┌ 중개대상행위(×)
　　　　　　　└ 중개사무소(×)　　　　　　　　　└ 사용권(○)

④ 「상법」상 회사 또는 「협동조합기본법」상 협동조합〔사회적 협동조합은 (제외)〕으로서 자본금이 (5천만원) 이상일 것 but 업무보증금은 (4억원) 이상

㉠ 되는 것 : 주식회사, 유한회사, (유한)책임회사, 합자회사, (합명)회사, 협동조합
　　⇨ 자본금이 (5천만원) 이상

㉡ 안 되는 것 : (사회)적 협동조합, 사단법인, 재단법인, 비법인(사단)
　　⇨ 자본금을 확인할 필요 없이 바로 ×

⑤ 법 제14조에 규정된 업무만을 목적으로 설립된 법인일 것

■ 법 제14조 : 법인 업무 **중 이 분 관 상 경·경** 한다.

㉠ **중**개업

㉡ **이**사·도배업체의 소개〔이사업×, 도배업×, 용역의 제공(×), 용역의 알선(○)〕

㉢ **분**양대행〔상업용 건축물(○), 주택(○), 토지(×), 주택용지(×), 농업용 건축물(×)〕

㉣ **관**리대행〔상업용 건축물 및 주택의 임대관리(○), 임대업(×), 관리업(×)〕

㉤ **상**담〔부동산이용업(×), 부동산개발업(×)〕

㉥ **경**영정보 및 경영기법의 제공 ⇨ 개업공인중개사를 대상으로(○), 공인중개사를 대상으로(×)

㉦ **경매**·공매관련 업무〔부칙상의 개업공인중개사는 (못함) 공매대상 동산에 대한 것(×)〕

2. 업무범위

① '업' 때문에 ×라고 하지 말자. 예 주택의 분양대행○, 주택의 분양대행업(○)
　　　　　　　　　　　　　　　　　　　　주택의 분양대행업무(○)

② 개인인 개업공인중개사는 중개업에 지장을 주지 않으면 이사업과 도배업을 할 수 있다.(○)

법인의 등록기준

1 법인의 등록기준

① 대표자는 공인중개사, 대표자를 (   )한 임원 또는 사원의 (   )이상이 공인중개사일 것

> **주의** 사원(합자회사 또는 합명회사의 무한책임사원)은 이사급을 의미한다.

> ㉞ ┌─ 대표자 1명 ⇨ 공인중개사
>   └─ 대표자 아닌 임원 1명 ⇨ (   )

② 대표자를 포함하여 임원 또는 사원 (   )이 실무교육 수료할 것

> **OX** 공인중개사가 아닌 임원 또는 사원도 실무교육을 수료하여야 한다.(   )

③ 사무소에 대한 사용권을 확보할 것, but 중개사무소의 면적 제한(   )

(건축물대장에 기재된 건물○, 준공검사, 사용승인 등을 받은 건물로서 아직 건축물대장에 기재되지 않은 건물(   ), 가설건축물(   ), 무허가건물(   ) + 소유, 전세, 임대차, 사용대차 등)

> ㉞ 무허가건물 ┌─ 중개대상물(   )   ㉞ 사용대차 ┌─ 중개대상행위(   )
>   └─ 중개사무소(   )   └─ 사용권(   )

④ 「상법」상 회사 또는 「협동조합기본법」상 협동조합〔사회적 협동조합은 (   )〕으로서 자본금이 (   ) 이상일 것 but 업무보증금은 (   ) 이상

> ㉠ 되는 것 : 주식회사, 유한회사, (   )책임회사, 합자회사, (   )회사, 협동조합
>   ⇨ 자본금이 (   ) 이상
> ㉡ 안 되는 것 : (   )적 협동조합, 사단법인, 재단법인, 비법인(   )
>   ⇨ 자본금을 확인할 필요 없이 바로 ×

⑤ 법 제14조에 규정된 업무만을 목적으로 설립된 법인일 것

> ■ **법 제14조** : 법인 업무 **중 이 분 관 상 경·경** 한다.
> ㉠ **중**개업
> ㉡ **이**사·도배업체의 소개〔이사업×, 도배업×, 용역의 제공(   ), 용역의 알선(   )〕
> ㉢ **분**양대행〔상업용 건축물(   ), 주택(   ), 토지(   ), 주택용지(   ), 농업용 건축물(   )〕
> ㉣ **관**리대행〔상업용 건축물 및 주택의 임대관리(   ), 임대업(   ), 관리업(   )〕
> ㉤ **상**담〔부동산이용업(   ), 부동산개발업(   )〕
> ㉥ **경**영정보 및 경영기법의 제공 ⇨ 개업공인중개사를 대상으로(   ), 공인중개사를 대상으로(   )
> ㉦ **경**매·공매관련 업무〔부칙상의 개업공인중개사는 (   ) 공매대상 동산에 대한 것(   )〕

2 업무범위

① '업' 때문에 ×라고 하지 말자. ㉞ 주택의 분양대행○, 주택의 분양대행업(   )
   주택의 분양대행업무(   )

② 개인인 개업공인중개사는 중개업에 지장을 주지 않으면 이사업과 도배업을 할 수 있다.(   )

제출서류와 중개사무소

1. 제출서류(첨부서류)

① 법인등기사항증명서 제출(×), 건축물대장 제출(×)
  자격증 사본을 제출하지 않는다. ⇨ 등록관청이 자격증을 발급한 (시·도지사)에게 자격확인을 요청하여야 한다. but 거래정보사업자 (지정신청) 시에는 자격증 사본을 제출한다. 또한 매수신청대리인등록신청 시에도 자격증 사본을 제출한다. ⇨ 등록관청을 찾아간 경우가 아니니까

② 실무교육수료확인증 사본을 반드시 제출하는 것은 아니다(실무교육을 위탁받은 기관 또는 단체가 실무교육 수료 여부를 등록관청이 (전자적)으로 확인할 수 있도록 조치한 경우는 **제출하지 않는다**).

③ 건축물대장에 기재가 (지연)되는 사유를 적은 서류는 제출한다.

④ 외국인만 제출하는 서류 : 결격사유 없음을 증명하는 서류(예 **아포스티유**)

⑤ (외국법인)만 제출하는 서류 : 영업소 등기를 증명하는 서류

⑥ (여권용) 사진을 제출한다.

2. 이중등록과 이중사무소

개업공인중개사 ┬ 이중등록 : (절대적) 등록취소 + 1년-1천

              └ 이중소속 : (절대적) 등록취소 + 1년-1천

개업공인중개사 ┬ 이중사무소 : (임의적) 등록취소 + 1년-1천

              └ 임시중개시설물 : (임의적) 등록취소 + 1년-1천

예 이중으로 중개사무소 개설등록을 한 경우 = (이중등록) ⇨ 절대적 등록취소
  둘 이상의 중개사무소를 둔 경우 = (이중사무소) ⇨ 임의적 등록취소

3. 중개사무소의 공동사용이 제한되는 경우

① 업무정지 개업공인중개사가 다른 개업공인중개사에게 중개사무소의 공동사용을 위하여 **(승낙서)**를 주는 방법으로 공동사용할 수 없다. 다만, 업무정지 개업공인중개사가 업무정지처분을 받기 (전)부터 중개사무소를 공동사용 중인 다른 개업공인중개사는 공동사용할 수 있다.

② 업무정지 개업공인중개사가 다른 개업공인중개사의 사무소를 공동으로 사용하기 위하여 중개사무소의 (이전)신고를 하는 방법으로 공동사용할 수 없다.

주의

중개사무소의 공동사용은 동업을 하는 것이 아니므로 각자 일 처리를 한다.
  예 각자 등록신청, 각자 이전신고, 각자 업무보증 설정 등

제출서류와 중개사무소

1 제출서류(첨부서류)

① 법인등기사항증명서 제출( ), 건축물대장 제출( )
자격증 사본을 제출하지 않는다. ⇨ 등록관청이 자격증을 발급한 (   )에게 자격확인을 요청하여야 한다. but 거래정보사업자 (   ) 시에는 자격증 사본을 제출한다. 또한 매수신청대리인등록신청 시에도 자격증 사본을 제출한다. ⇨ 등록관청을 찾아간 경우가 아니니까

② 실무교육수료확인증 사본을 반드시 제출하는 것은 아니다(실무교육을 위탁받은 기관 또는 단체가 실무교육 수료 여부를 등록관청이 (   )으로 확인할 수 있도록 조치한 경우는 제출하지 않는다).

③ 건축물대장에 기재가 (   )되는 사유를 적은 서류는 제출한다.

④ 외국인만 제출하는 서류 : 결격사유 없음을 증명하는 서류(예   )

⑤ (   )만 제출하는 서류 : 영업소 등기를 증명하는 서류

⑥ (   ) 사진을 제출한다.

2 이중등록과 이중사무소

개업공인중개사 ─┬─ 이중등록 : (   ) 등록취소 + 1년-1천

　　　　　　　　└─ 이중소속 : (   ) 등록취소 + 1년-1천

개업공인중개사 ─┬─ 이중사무소 : (   ) 등록취소 + 1년-1천

　　　　　　　　└─ 임시중개시설물 : (   ) 등록취소 + 1년-1천

예 이중으로 중개사무소 개설등록을 한 경우 = (   ) ⇨ 절대적 등록취소
둘 이상의 중개사무소를 둔 경우 = (   ) ⇨ 임의적 등록취소

3 중개사무소의 공동사용이 제한되는 경우

① 업무정지 개업공인중개사가 다른 개업공인중개사에게 중개사무소의 공동사용을 위하여 (   )를 주는 방법으로 공동사용할 수 없다. 다만, 업무정지 개업공인중개사가 업무정지처분을 받기 (   )부터 중개사무소를 공동사용 중인 다른 개업공인중개사는 공동사용할 수 있다.

② 업무정지 개업공인중개사가 다른 개업공인중개시의 시무소를 공동으로 사용하기 위하여 중개사무소의 (   )신고를 하는 방법으로 공동사용할 수 없다.

주의
중개사무소의 공동사용은 동업을 하는 것이 아니므로 각자 일 처리를 한다.
예 각자 등록신청, 각자 이전신고, 각자 업무보증 설정 등

등록의 결격사유

1 등록의 결격사유

등록의 결격사유는 등록도 못하고, **(중개보조원)**도 못하게 하는 사유를 말한다(단순히 등록만 안 되는 것으로 이해해선 안 된다). 등록의 결격사유를 "결격사유"라고 한다.

2 등록의 결격사유의 유형

① 미성년자[만 **(19)**세 미만] ⇨ 만 **(19)**세 성년자가 되어야 결격사유에서 벗어난다.
   ox 미성년자는 법정대리인의 동의를 얻으면 결격사유에서 벗어난다.**(×)**

② 피성년후견인 또는 피한정후견인 but 피특정후견인은 결격사유**(×)**
   ⇨ **(종료)**심판을 받아야 결격사유에서 벗어난다.

③ 파산선고를 받고 복권되지 아니한 자 but 개인회생은 결격사유**(×)**
   ⇨ **(복권)**(면책결정, 복권결정)되어야 결격사유에서 벗어난다.

④ 금고 이상의 실형의 선고를 받고 그 집행이 종료(집행이 종료된 것으로 보는 경우를 포함한다)되거나 집행이 면제된 날부터 3년이 지나지 아니한 자
   ox 다른 법 위반의 금고 이상의 실형 선고도 결격사유에 해당한다.**(○)**

결격기간
   ┬ 만기석방(= **집행종료**) + 3년
   ├ 가석방 + **(잔형기)** + 3년
   ├ 특별사면(= **집행면제**) + 3년
   └ 일반사면 + **(즉시)** ⇨ **일반인이 되는 것이니까**

⑤ 금고 이상의 형의 집행유예를 받고 그 유예기간이 만료된 날부터 **(2)**년이 지나지 아니한 자 ox 다른 법 위반의 집행유예도 결격사유에 해당한다.**(○)**

등록의 결격사유		포상금 지급	
집행유예(○)		집행유예(○)	
선고유예(×)		선고유예(○)	
기소유예(×)		기소유예(○)	

⑥ **공인중개사법을 위반**하여 **(300)만원 이상**의 벌금형의 선고를 받고 3년이 지나지 아니한 자
   ㉠ 다른 법 위반의 벌금형 선고(×), 300만원 미만(×), 과태료는 결격사유(×)
   ㉡ **공인중개사법과 다른 법의 (경합범)에 대해서 벌금형을 선고하는 경우 분리하여 선고해야 한다.**
      ㉐ 공인중개사법 위반 200만원, 형법 위반 300만원 ⇨ 결격사유(×)
         공인중개사법 위반 300만원, 형법 위반 200만원 ⇨ 결격사유(○)
      but 징역형, 금고형, 집행유예의 선고는 분리선고가 **(없다.)**

등록의 결격사유

1 등록의 결격사유

등록의 결격사유는 등록도 못하고, (   )도 못하게 하는 사유를 말한다(단순히 등록만 안 되는 것으로 이해해선 안 된다). 등록의 결격사유를 "결격사유"라고 한다.

2 등록의 결격사유의 유형

① 미성년자(만 (   )세 미만) ⇨ 만 (   )세 성년자가 되어야 결격사유에서 벗어난다.

  ox 미성년자는 법정대리인의 동의를 얻으면 결격사유에서 벗어난다.(   )

② 피성년후견인 또는 피한정후견인 but 피특정후견인은 결격사유(   )

  ⇨ (   )심판을 받아야 결격사유에서 벗어난다.

③ 파산선고를 받고 복권되지 아니한 자 but 개인회생은 결격사유(   )

  ⇨ (   )(면책결정, 복권결정)되어야 결격사유에서 벗어난다.

④ 금고 이상의 실형의 선고를 받고 그 집행이 종료(집행이 종료된 것으로 보는 경우를 포함한다)되거나 집행이 면제된 날부터 3년이 지나지 아니한 자

  ox 다른 법 위반의 금고 이상의 실형 선고도 결격사유에 해당한다.(   )

결격기간 ┬ 만기석방(= 집행   ) + 3년
        ├ 가석방 + (   ) + 3년
        ├ 특별사면(= 집행   ) + 3년
        └ 일반사면 + (   ) ⇨ **일반인이 되는 것이니까**

⑤ 금고 이상의 형의 집행유예를 받고 그 유예기간이 만료된 날부터 (   )년이 지나지 아니한 자 ox 다른 법 위반의 집행유예도 결격사유에 해당한다.(   )

등록의 결격사유 ┬ 집행유예(   )   포상금 지급 ┬ 집행유예(   )
              ├ 선고유예(   )   ├ 선고유예(   )
              └ 기소유예(   )   └ 기소유예(   )

⑥ **공인중개사법을 위반**하여 (   )**만원 이상**의 벌금형의 선고를 받고 3년이 지나지 아니한 자

  ㉠ 다른 법 위반의 벌금형 선고(   ), 300만원 미만(   ), 과태료는 결격사유(   )

  ㉡ **공인중개사법과 다른 법의 (   )에 대해서 벌금형을 선고하는 경우 분리하여 선고해야 한다.**

    ㉮ 공인중개사법 위반 200만원, 형법 위반 300만원 ⇨ 결격사유(   )

      공인중개사법 위반 300만원, 형법 위반 200만원 ⇨ 결격사유(   )

    but 징역형, 금고형, 집행유예의 선고는 분리선고가 (   )

⑦ 중개사무소의 개설등록이 취소된 후 (3)년이 지나지 아니한 자
⇨ **사망·해산**, 등록기준 미달, **결**격사유(**사.기.결**)를 이유로 한 등록취소는 등록취소일에 +3년을 하지 않는다.

등록취소일 +3년(○)	등록취소일 +3년(×)
부정한 방법으로 등록한 것을 이유로 등록취소	개인인 개업공인중개사의 사망을 이유로 등록취소
등록증 대여를 이유로 등록취소	법인인 개업공인중개사의 해산을 이유로 등록취소
이중등록을 이유로 등록취소	등록기준 미달을 이유로 등록취소
이중소속을 이유로 등록취소	등록의 결격사유를 이유로 등록취소
둘 이상 중개사무소 설치를 이유로 등록취소	한정후견 개시심판을 이유로 등록취소
임시중개시설물 설치를 이유로 등록취소	파산선고를 이유로 등록취소
금지행위를 이유로 등록취소	

주의 등록취소의 이유가 '사.기.결'이라면 등록취소일에 +3년을 하지 않는다.
무조건 +3년을 안 하는 것이 아니라 (등록취소일)에 +3년을 하지 않는 것이다.
따라서 공인중개사법을 위반하여 300만원 이상 벌금형 선고를 이유로 등록취소
⇨ 등록취소일에 +3년을 하지 않고, (벌금형 선고일)에 +3년을 한다.

⑧ 공인중개사의 자격이 취소된 후 3년이 지나지 아니한 자
⇨ 자격취소는 (이유)불문이다. 자격이 취소되면 자격취소일에 (**무조건**) +3년을 한다.

⑨ 업무정지처분을 받고 (**폐업**)신고를 한 자로서 업무정지 기간(폐업에 불구하고 업무정지 기간은 진행되는 것으로 본다)이 지나지 아니한 자
㉠ '폐업신고'라는 단어가 보여야 한다. **폐업신고를 하지 않으면 업무정지처분을 받은 자이다. but 폐업신고 전과 후에 그 효과가 다른 것은 아니다. 어차피 (중개)업무를 못하는 것은 마찬가지이다.**
㉡ 업무정지처분을 받은 자는 업무정지 기간 동안 중개업무를 할 수 없다.(○)
㉢ 업무정지처분을 받고 폐업신고를 한 자는 남은 기간 동안 중개업무를 할 수 없다.(○)

⑩ 공인중개사의 자격이 정지된 자로서 자격정지 기간 중에 있는 자
⇨ 해당 사무소의 퇴사여부와는 무관하게 (**자격정지 기간**) 동안 결격사유에 해당한다.

⑪ 업무정지처분을 받은 개업공인중개사인 법인의 **업무정지의 (사유 발생 당시)의**
(**임원 또는 사원**)이었던 자로서 해당 개업공인중개사에 대한 업무정지기간이 지나지 아니한 자 ⇨ 업무정지처분 당시×, 고용인×

⑫ (**임원 또는 사원**) 중 결격사유에 해당하는 자가 있는 법인
㉑ 미성년자가 임원으로 있는 법인은 결격사유에 해당한다.

⑦ 중개사무소의 개설등록이 취소된 후 (　)년이 지나지 아니한 자
　⇨ **사망·해산, 등록기준 미달, 결**격사유(**사.기.결**)를 이유로 한 등록취소는 등록취소일에 +3년을 하지 않는다.

등록취소일 +3년(　)	등록취소일 +3년(　)
부정한 방법으로 등록한 것을 이유로 등록취소	개인인 개업공인중개사의 사망을 이유로 등록취소
등록증 대여를 이유로 등록취소	법인인 개업공인중개사의 해산을 이유로 등록취소
이중등록을 이유로 등록취소	
이중소속을 이유로 등록취소	등록기준 미달을 이유로 등록취소
둘 이상 중개사무소 설치를 이유로 등록취소	등록의 결격사유를 이유로 등록취소
	한정후견 개시심판을 이유로 등록취소
임시중개시설물 설치를 이유로 등록취소	파산선고를 이유로 등록취소
금지행위를 이유로 등록취소	

주의 등록취소의 이유가 '사.기.결'이라면 등록취소일에 +3년을 하지 않는다.
　무조건 +3년을 안 하는 것이 아니라 (　　　　)에 +3년을 하지 않는 것이다.
　따라서 공인중개사법을 위반하여 300만원 이상 벌금형 선고를 이유로 등록취소
　⇨ 등록취소일에 +3년을 하지 않고, (　　　　)에 +3년을 한다.

⑧ 공인중개사의 자격이 취소된 후 3년이 지나지 아니한 자
　⇨ 자격취소는 (　)불문이다. 자격이 취소되면 자격취소일에 (　　) +3년을 한다.

⑨ 업무정지처분을 받고 (　　)신고를 한 자로서 업무정지 기간(폐업에 불구하고 업무정지 기간은 진행되는 것으로 본다)이 지나지 아니한 자
　㉠ '폐업신고'라는 단어가 보여야 한다. **폐업신고를 하지 않으면 업무정지처분을 받은 자이다. but 폐업신고 전과 후에 그 효과가 다른 것은 아니다. 어차피 (　)업무를 못하는 것은 마찬가지이다.**
　㉡ 업무정지처분을 받은 자는 업무정지 기간 동안 중개업무를 할 수 없다.(　)
　㉢ 업무정지처분을 받고 폐업신고를 한 자는 남은 기간 동안 중개업무를 할 수 없다.(　)

⑩ 공인중개사의 자격이 정지된 자로서 자격정지 기간 중에 있는 자
　⇨ 해당 사무소의 퇴사여부와는 무관하게 (　　　　) **동안** 결격사유에 해당한다.

⑪ 업무정지처분을 받은 개업공인중개사인 법인의 **업무정지의 (　　　　)의
(　　　　)**이었던 자로서 해당 개업공인중개사에 대한 업무정지기간이 지나지 아니한 자 ⇨ 업무정지처분 당시×, 고용인×

⑫ (　　　　) 중 결격사유에 해당하는 자가 있는 법인
　㉘ 미성년자가 임원으로 있는 법인은 결격사유에 해당한다.

고용인

1 알아두기
① 중개보조원의 인원 수 제한 : 개업공인중개사가 고용할 수 있는 중개보조원의 수는 개업공인중개사와 소속공인중개사를 **합한 수의 (5)배**를 초과하여서는 아니 된다.
⇨ 위반 시 **(절대적)** 등록취소사유 + 1년-1천
② 중개보조원은 **(현장)**안내 등 중개업무를 보조하는 경우 중개의뢰인에게 본인이 중개보조원이라는 사실을 미리 알려야 한다. ⇨ 위반 시 중개보조원 및 개업공인중개사 모두 **(500)**만원이하의 과태료(다만, 개업공인중개사가 위반행위를 방지하기 위하여 상당한 **(주의와 감독)**을 게을리하지 않은 경우 개업공인중개사는 과태료×)

2 민사상 책임(손해배상책임) 예 '손해', '손해배상'이란 단어가 보이면 민사상 책임
① 고용인(소속공인중개사 또는 중개보조원)이 중개의뢰인에게 재산상 손해를 입힌 경우 : 손해를 입힌 장본인이므로 고용인도 손해배상책임을 **(진다.)**
② 개업공인중개사의 책임 : 고용인과 개업공인중개사는 **(부진정)** 연대채무관계이다. ⇨ 중개의뢰인이 고용인 또는 개업공인중개사에게 **(연대)** 또는 선택적으로 손해배상을 청구할 수 있다. 따라서 **개업공인중개사는 (무과실책임)을 진다.** ⇨ **면책규정 無**
③ 손해를 배상한 개업공인중개사는 고용인에게 **(구상권)**을 행사할 수 있다.

3 형사상 책임(행정형벌) 예 '벌금', '양벌규정'이란 단어가 보이면 형사상 책임
① 고용인(소속공인중개사 또는 중개보조원)의 형사상 책임 : 고용인이 3년-3천과 1년-1천에 해당하는 잘못을 하면 3년-3천과 1년-1천이 그대로 적용된다. 따라서 고용인은 징역형 선고도 받을 수 **(있고)**, 벌금형 선고도 받을 수 **(있다.)**
② 개업공인중개사의 형사상 책임**(양벌규정)** : 3년-3천과 1년-1천에서 벌금형을 따와서 벌금형을 선고받을 수 있다〔징역형 선고**(×)**〕. but 고용인과 개업공인중개사가 동일한 금액의 벌금형을 선고**(×)**
③ 개업공인중개사가 고용인의 위반행위를 방지하기 위하여 상당한 **(주의와 감독)**을 게을리하지 않은 경우 양벌규정이 적용되지 않는다. **즉, 개업공인중개사가 무과실이면 벌금형을 선고받지 않는다.** ⇨ **면책규정 (有)**
④ **양벌규정으로 벌금형을 선고받은 것은 결격사유(×)**

4 행정상 책임(행정처분) 예 '취소' '정지'란 단어가 보이면 행정상 책임
① 고용인(소속공인중개사 또는 중개보조원)의 행정상의 책임 : 소속공인중개사가 자격정지사유에 해당하는 잘못을 한 경우 **(자격정지)**처분을 받을 수 있다.
but 중개보조원은 **(행정처분)**을 받지 않는다.
② 개업공인중개사는 고용인의 업무상 위반행위로 등록취소처분(절.등.취 or 임.등.취), 업무정지처분을 받을 수 **(있다.)** ⇨ **면책규정 無**

고용인

1. 알아두기
① 중개보조원의 인원 수 제한 : 개업공인중개사가 고용할 수 있는 중개보조원의 수는 개업공인중개사와 소속공인중개사를 **합한 수의 (　)배**를 초과하여서는 아니 된다.
⇨ 위반 시 (　　) 등록취소사유 + 1년-1천
② 중개보조원은 (　　)안내 등 중개업무를 보조하는 경우 중개의뢰인에게 본인이 중개보조원이라는 사실을 미리 알려야 한다. ⇨ 위반 시 중개보조원 및 개업공인중개사 모두 (　　)만원 이하의 과태료(다만, 개업공인중개사가 위반행위를 방지하기 위하여 상당한 (　　　　)을 게을리하지 않은 경우 개업공인중개사는 과태료×)

2. 민사상 책임(손해배상책임) ㉠ '손해', '손해배상'이란 단어가 보이면 민사상 책임
① 고용인(소속공인중개사 또는 중개보조원)이 중개의뢰인에게 재산상 손해를 입힌 경우 : 손해를 입힌 장본인이므로 고용인도 손해배상책임을 (　　)
② 개업공인중개사의 책임 : 고용인과 개업공인중개사는 (　　) 연대채무관계이다. ⇨ 중개의뢰인이 고용인 또는 개업공인중개사에게 (　　) 또는 선택적으로 손해배상을 청구할 수 있다. 따라서 **개업공인중개사는 (　　　　)을 진다.** ⇨ **면책규정 無**
③ 손해를 배상한 개업공인중개사는 고용인에게 (　　)을 행사할 수 있다.

3. 형사상 책임(행정형벌) ㉠ '벌금', '양벌규정'이란 단어가 보이면 형사상 책임
① 고용인(소속공인중개사 또는 중개보조원)의 형사상 책임 : 고용인이 3년-3천과 1년-1천에 해당하는 잘못을 하면 3년-3천과 1년-1천이 그대로 적용된다. 따라서 고용인은 징역형 선고도 받을 수 (　　), 벌금형 선고도 받을 수 (　　)
② 개업공인중개사의 형사상 책임(　　　) : 3년-3천과 1년-1천에서 벌금형을 따라서 벌금형을 선고받을 수 있다(징역형 선고(　　)). but 고용인과 개업공인중개사가 동일한 금액의 벌금형을 선고(　　)
③ 개업공인중개사가 고용인의 위반행위를 방지하기 위하여 상당한 (　　　　)을 게을리하지 않은 경우 양벌규정이 적용되지 않는다. **즉, 개업공인중개사가 무과실이면 벌금형을 선고받지 않는다.** ⇨ **면책규정 (　　)**
④ **양벌규정으로 벌금형을 선고받은 것은 결격사유(　　)**

4. 행정상 책임(행정처분) ㉠ '취소' '정지'란 단어가 보이면 행정상 책임
① 고용인(소속공인중개사 또는 중개보조원)의 행정상의 책임 : 소속공인중개사가 자격정지 사유에 해당하는 잘못을 한 경우 (　　)처분을 받을 수 있다.
but 중개보조원은 (　　)을 받지 않는다.
② 개업공인중개사는 고용인의 업무상 위반행위로 등록취소처분(절.등.취 or 임.등.취), 업무정지처분을 받을 수 (　　) ⇨ **면책규정 無**

사무소 명칭과 성명표기

1. 사무소 명칭

사무소 명칭	공인중개사사무소	부동산중개
법인인 개업공인중개사	사용(○)	사용(○)
공인중개사인 개업공인중개사	사용(○)	사용(○)
부칙상의 개업공인중개사	사용(×)	사용(○)
중개사무소 개설등록을 하지 않은 공인중개사	사용(×)	사용(×)

> **OX** 중개사무소 개설등록을 하지 않은 공인중개사가 "공인중개사"라는 명칭은 사용할 수 있다.(○)

2. 성명표기의무

① 개업공인중개사는 옥외광고물을 설치하는 경우 중개사무소등록증에 기재된 성명(법인의 경우 대표자 성명, **분사무소에서는 책임자 성명**)을 표기하여야 한다.

② 사무소 명칭사용의무를 위반한 간판과 성명표기를 위반한 간판에 대해서는 **(등록관청)** 이 철거명령을 할 수 있다. 철거명령 불이행 시 **(행정대집행법)**에 따라서 대집행을 할 수 있다.

등록번호, 연락처 ┬─ **옥외광고물(간판)에** 표기의무(×)
                 └─ **표시·광고 시** 명시의무(○)

3. 철거명령과 대집행

┌ 사무소 명칭과 성명표기 위반 **(일을 하고 있음)** ──→ 철거명령(○) ──→ 철거× ──→ 대집행

└ 사무소 이전, 폐업신고, 등록취소 **(일을 안 하고 있음)** ──→ 지체 없이 철거, 철거명령(×) ──→ 철거× ──→ 대집행

> **주의** 개업공인중개사가 아닌 자가 중개사무소 간판을 설치하고 일을 하고 있으면 철거를 명할 수 (있다.) ⇨ 일을 하고 있으니까

> **OX** 개업공인중개사는 업무정지처분을 받은 경우 지체 없이 간판을 철거해야 한다.(×)

사무소 명칭과 성명표기

1. 사무소 명칭

사무소 명칭	공인중개사사무소	부동산중개
법인인 개업공인중개사	사용( )	사용( )
공인중개사인 개업공인중개사	사용( )	사용( )
부칙상의 개업공인중개사	사용( )	사용( )
중개사무소 개설등록을 하지 않은 공인중개사	사용( )	사용( )

ox 중개사무소 개설등록을 하지 않은 공인중개사가 "공인중개사"라는 명칭은 사용할 수 있다.( )

2. 성명표기의무

① 개업공인중개사는 옥외광고물을 설치하는 경우 중개사무소등록증에 기재된 성명(법인의 경우 대표자 성명, **분사무소에서는** 　성명)을 표기하여야 한다.
② 사무소 명칭사용의무를 위반한 간판과 성명표기를 위반한 간판에 대해서는 (　　　) 이 철거명령을 할 수 있다. 철거명령 불이행 시 (　　　)에 따라서 대집행을 할 수 있다.

등록번호, 연락처 ─┬─ **옥외광고물(간판)에** 표기의무( )
　　　　　　　　└─ **표시·광고 시** 명시의무( )

3. 철거명령과 대집행

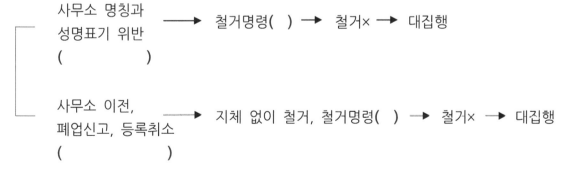

사무소 명칭과 성명표기 위반 (　　　) ──→ 철거명령( ) ──→ 철거× ──→ 대집행

사무소 이전, 폐업신고, 등록취소 (　　　) ──→ 지체 없이 철거, 철거명령( ) ──→ 철거× ──→ 대집행

주의 개업공인중개사가 아닌 자가 중개사무소 간판을 설치하고 일을 하고 있으면 철거를 명할 수 (　) ⇨ 일을 하고 있으니까

ox 개업공인중개사는 업무정지처분을 받은 경우 지체 없이 간판을 철거해야 한다.( )

중개대상물에 대한 표시·광고

1 부당한 표시 · 광고

개업공인중개사는 중개대상물에 대하여 다음의 어느 하나에 해당하는 **(부당한)** 표시 · 광고를 하여서는 아니 된다. ⇨ 위반 시 500만원 이하의 과태료

---

1. 중개대상물이 존재하지 **않아서(無)** 실제로 **(거래)**를 할 수 없는 중개대상물에 대한 표시·광고
   ① 중개대상물이 존재하지만 실제로 중개의 **(대상)**이 될 수 **없는(無)** 중개대상물에 대한 표시·광고
   ② 중개대상물이 존재하지만 실제로 중개할 **(의사)**가 **없는(無)** 중개대상물에 대한 표시·광고
2. 중개대상물의 가격 등 내용을 사실과 다르게 **(거짓)**으로 표시 · 광고하거나 사실을 **과장**되게 하는 표시·광고
   ③ 중개대상물의 입지조건, 생활여건, 가격 및 거래조건 등 중개대상물 선택에 중요한 영향을 미칠 수 있는 사실을 빠뜨리거나 은폐 · **(축소)**하는 등의 방법으로 소비자를 속이는 표시·광고
3. 그 밖에 표시·광고의 내용이 부동산거래질서를 **해치**거나 중개의뢰인에게 **(피해)**를 줄 우려가 있는 것으로서 대통령령으로 정하는 내용의 표시·광고

★ 무(無)지 과장하고 축소해

2 표시 · 광고 관련 제재

— 개업공인중개사가 표시 · 광고 시 **명시**사항을 위반한 경우
  : **(100)**만원 이하의 과태료 ⇨ 포상금 지급대상(×)

— 개업공인중개사가 **부당한 표시 · 광고**를 한 경우
  : **(500)**만원 이하의 과태료 ⇨ 포상금 지급대상(×)

— 개업공인중개사가 **아닌** 자가 표시 · 광고를 한 경우 ⇨ 포상금 지급대상(○)
  : **(1)**년-**(1)**천(2글자)

3 인터넷 표시 · 광고 모니터링

① **(국토교통부장관)**은 인터넷을 이용한 중개대상물에 대한 표시 · 광고가 규정을 준수하는지 여부를 모니터링 할 수 있다.
② 국토교통부장관은 **모니터링을 위하여** 필요한 때에는 **(정보통신서비스 제공자)**에게 관련 자료의 제출을 요구할 수 있다. 이 경우 정당한 사유가 없으면 이에 따라야 한다.
   ⇨ 위반 시 **(500)**만원 이하의 과태료
③ 국토교통부장관은 **모니터링 결과**에 따라 **(정보통신서비스 제공자)**에게 이 법 위반이 의심되는 표시 · 광고에 대한 확인 또는 추가정보의 게재 등 필요한 조치를 요구할 수 있다. 이 경우 정당한 사유가 없으면 이에 따라야 한다. ⇨ 위반 시 **(500)**만원 이하의 과태료

중개대상물에 대한 표시·광고

1 부당한 표시 · 광고

개업공인중개사는 중개대상물에 대하여 다음의 어느 하나에 해당하는 (   ) **표시 · 광고**를 하여서는 아니 된다. ⇨ 위반 시 500만원 이하의 과태료

> 1. 중개대상물이 존재하지 **않아서(無)** 실제로 (   )를 할 수 없는 중개대상물에 대한 표시·광고
>   ① 중개대상물이 존재하지만 실제로 중개의 (   )이 될 수 **없는(無)** 중개대상물에 대한 표시·광고
>   ② 중개대상물이 존재하지만 실제로 중개할 (   )가 **없는(無)** 중개대상물에 대한 표시·광고
> 2. 중개대상물의 가격 등 내용을 사실과 다르게 (   )으로 표시 · 광고하거나 사실을 **과장** 되게 하는 표시·광고
>   ③ 중개대상물의 입지조건, 생활여건, 가격 및 거래조건 등 중개대상물 선택에 중요한 영향을 미칠 수 있는 사실을 빠뜨리거나 은폐 · (   )하는 등의 방법으로 소비자를 속이는 표시·광고
> 3. 그 밖에 표시·광고의 내용이 부동산거래질서를 **해치거나** 중개의뢰인에게 (   )를 줄 우려가 있는 것으로서 대통령령으로 정하는 내용의 표시·광고

★ 무(無)지 과장하고 축소해

2 표시 · 광고 관련 제재

— 개업공인중개사가 표시 · 광고 시 **명시**사항을 위반한 경우
  : (   )만원 이하의 과태료 ⇨ 포상금 지급대상(   )

— 개업공인중개사가 **부당한 표시 · 광고**를 한 경우
  : (   )만원 이하의 과태료 ⇨ 포상금 지급대상(   )

— 개업공인중개사가 **아닌** 자가 표시 · 광고를 한 경우 ⇨ 포상금 지급대상(   )
  : (   )년-(   )천(2글자)

3 인터넷 표시 · 광고 모니터링

① (   )은 인터넷을 이용한 중개대상물에 대한 표시 · 광고가 규정을 준수하는지 여부를 모니터링 할 수 있다.

② 국토교통부장관은 **모니터링을 위하여** 필요한 때에는 (   )에게 관련 자료의 제출을 요구할 수 있다. 이 경우 정당한 사유가 없으면 이에 따라야 한다.
   ⇨ 위반 시 (   )만원 이하의 과태료

③ 국토교통부장관은 **모니터링 결과**에 따라 (   )에게 이 법 위반이 의심 되는 표시 · 광고에 대한 확인 또는 추가정보의 게재 등 필요한 조치를 요구할 수 있다. 이 경우 정당한 사유가 없으면 이에 따라야 한다. ⇨ 위반 시 (   ) 이하의 과태료

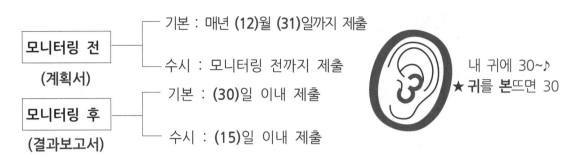

```
                ┌── 기본 : 매년 (12)월 (31)일까지 제출
모니터링 전 ──┤
 (계획서)       └── 수시 : 모니터링 전까지 제출
                ┌── 기본 : (30)일 이내 제출
모니터링 후 ──┤
 (결과보고서)   └── 수시 : (15)일 이내 제출
```

내 귀에 30~♪
★ 귀를 본뜨면 30

> **주의** 공공기관, 정부출연연구기관, 모니터링업무를 수행하는 법인·단체 등은 모니터링 기관이 될 수 있다. 그러나 협회는 모니터링 기관이 될 수 (없다.)

인장등록

1 인장등록 의무자

① **개업공인중개사 및 (소속공인중개사)**(공인중개사인 임원 또는 사원은 소속공인중개사에 포함되므로 인장을 등록해야 한다.)는 인장을 등록해야 한다.
⇨ 중개보조원(×), 공인중개사가 아닌 임원 또는 사원(×)

② 분사무소에서는 **(대표자)가 보증하는 인장**을 등록할 수 있다(원칙은 신고한 법인 인장을 사용하는 것).

2 인장등록시기

① 개업공인중개사는 등록신청과 같이할 수 있다. 소속공인중개사는 **(고용신고)**와 같이 할 수 있다.
개업공인중개사 및 소속공인중개사 둘 다 **(업무개시)** 전까지 해야 한다.

② 인장을 변경하면 변경일부터 **(7)**일 이내 등록관청에 변경등록

3 등록해야 하는 인장

① 법인은 **(신고한 법인)**의 인장을 등록(법인 자체의 인감도장을 의미한다)
`ox` 신고한 법인 대표자 인장을 등록하여야 한다.(×)

② 개인은 실명이 나타난 인장을 등록〔가로, 세로 각각 **(7)**㎜ 이상 **(30)**㎜ 이내의 것〕

4 인장등록방법

① 법인의 경우 **(인감증명서)** 제출로 갈음한다(변경등록도 변경된 인장의 인감증명서 제출로 갈음한다).

② 개인의 경우 **(인장등록신고서)**의 제출(변경등록은 등록인장변경신고서의 제출)

③ **전자문서에 의한 인장등록(○), 전자문서에 의한 변경등록(○)**

5 제재

① 개업공인중개사가 인장을 등록하지 않거나 등록하지 않은 인장을 사용한 경우 : **(업무정지)**
but 등록하지 않은 인장을 날인한 거래계약서는 **(유효)**

② 소속공인중개사가 인장을 등록하지 않거나 등록하지 않은 인장을 사용한 경우 : **(자격정지)**

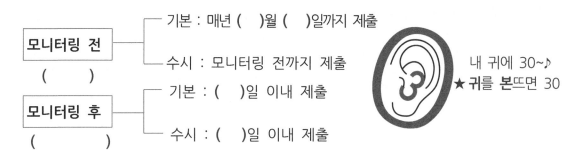

```
모니터링 전 ┬─ 기본 : 매년 (   )월 (   )일까지 제출
  (     )    └─ 수시 : 모니터링 전까지 제출

모니터링 후 ┬─ 기본 : (     )일 이내 제출
  (       )  └─ 수시 : (     )일 이내 제출
```

내 귀에 30~♪
★ 귀를 본뜨면 30

주의 공공기관, 정부출연연구기관, 모니터링업무를 수행하는 법인·단체 등은 모니터링 기관이 될수 있다. 그러나 협회는 모니터링 기관이 될 수 (   )

인장등록

1. 인장등록 의무자

① **개업공인중개사 및 (   )**(공인중개사인 임원 또는 사원은 소속공인중개사에 포함되므로 인장을 등록해야 한다.)는 인장을 등록해야 한다.
  ⇨ 중개보조원(   ), 공인중개사가 아닌 임원 또는 사원(   )

② 분사무소에서는 (   )**가 보증하는 인장**을 등록할 수 있다(원칙은 신고한 법인 인장을 사용하는 것).

2. 인장등록시기

① 개업공인중개사는 등록신청과 같이할 수 있다. 소속공인중개사는 (   )와 같이 할 수 있다.
  개업공인중개사 및 소속공인중개사 둘 다 (   ) 전까지 해야 한다.

② 인장을 변경하면 변경일부터 (   )일 이내 등록관청에 변경등록

3. 등록해야 하는 인장

① 법인은 (   )의 인장을 등록(법인 자체의 인감도장을 의미한다)
  ox 신고한 법인 대표자 인장을 등록하여야 한다.(   )

② 개인은 실명이 나타난 인장을 등록〔가로, 세로 각각 (   )mm 이상 (   )mm 이내의 것〕

4. 인장등록방법

① 법인의 경우 (   ) 제출로 갈음한다(변경등록도 변경된 인장의 인감증명서 제출로 갈음한다).

② 개인의 경우 (   )의 제출(변경등록은 등록인장변경신고서의 제출)

③ **전자문서에 의한 인장등록(   ), 전자문서에 의한 변경등록(   )**

5. 제재

① 개업공인중개사가 인장을 등록하지 않거나 등록하지 않은 인장을 사용한 경우 : (   )
  but 등록하지 않은 인장을 날인한 거래계약서는 (   )

② 소속공인중개사가 인장을 등록하지 않거나 등록하지 않은 인장을 사용한 경우 : (   )

각종 신고의 비교

구분	사무소 이전신고	휴업·폐업·재개·변경신고
의무성	사무소를 이전하면 **(무조건)** 이전신고를 해야 한다.	① 3개월 **(초과)** 휴업하고자 하는 때에 휴업신고를 해야 하고, 3개월 이하는 휴업신고가 불필요하다. ② **(6)**개월 초과 휴업은 부득이한 사유(입영, 취학, 요양, 임신 또는 출산 등)가 있을 때만 할 수 있다. ③ **재개신고와 변경신고는 (휴업)신고를 한 경우만 해야 한다.**
신고기한	사후 신고(이전한 날부터 **(10)**일 이내)	**(사전)** 신고(신고기한도 **없음**)
첨부서류 (제출서류)	① 등록증(분사무소는 신고확인서)과 사무소확보증명서류를 첨부해야 한다. ② 등록대장, 개설등록신청서류, 최근 **(1)**년간 행정처분 및 행정처분 절차가 진행 중인 경우 그 관련 서류는 **(송부서류)**에 해당한다.	① 중개업휴업·폐업신고서와 사업자등록 휴업·폐업신고서의 **(일괄)**제출이 가능하다(자기들끼리 한 장씩 나누어 갖는다). ② 휴업신고와 폐업신고는 등록증(**분사무소는 신고확인서**)을 첨부해야 한다.
전자문서에 의한 신고	규정 없음	① 휴업신고와 폐업신고는 전자문서에 의한 신고(×) ② 재개신고와 변경신고는 전자문서에 의한 신고(○)
분사무소	분사무소 이전신고는 **(주된 사무소)** 등록관청에 한다.	분사무소만의 휴업신고, 폐업신고도 **(주된 사무소)** 등록관청에 한다.
제재	① 신고기한 내에 이전신고를 하지 않으면 **(100)**만원 이하의 과태료 ② 가설건축물로 이전한 경우(등록기준 미달)는 **(임의적)** 등록취소사유	① 3개월 초과 휴업신고, 폐업신고, 재개신고, 변경신고를 하지 않으면 **(100)**만원 이하의 과태료 ② 부득이한 사유없이 6개월 초과 휴업한 경우는 **(임의적)** 등록취소사유
고용신고 · 고용관계의 종료신고	① 고용인만(소속공인중개사, 중개보조원) 신고대상○, 임원 또는 사원은 신고대상(×) ② 고용신고(고용신고만 전자문서 가능)는 **(업무개시)** 전까지 신고 　고용관계의 종료신고(전자문서 규정 없음)는 고용관계의 종료일부터 **(10)**일 이내에 신고 ③ 소속공인중개사는 **(실무)**교육, 중개보조원은 **(직무)**교육을 받게 한 후 업무개시 전까지 신고 ⇨ **(선)** 교육, **(후)** 신고 ④ 위반 시 제재는 **(업무정지사유)** ★ 고스톱		

각종 신고의 비교

구분	사무소 이전신고	휴업·폐업·재개·변경신고
의무성	사무소를 이전하면 (　　) 이전신고를 해야 한다.	① 3개월 (　　) 휴업하고자 하는 때에 휴업신고를 해야 하고, 3개월 이하는 휴업신고가 불필요하다. ② (　　)개월 초과 휴업은 부득이한 사유(입영, 취학, 요양, 임신 또는 출산 등)가 있을 때만 할 수 있다. ③ 재개신고와 변경신고는 (　　)신고를 한 경우만 해야 한다.
신고기한	사후 신고(이전한 날부터 (　)일 이내)	(　　) 신고(신고기한도　　)
첨부서류 (제출서류)	① 등록증(분사무소는　　　　　　)과 사무소확보증명서류를 첨부해야 한다. ② 등록대장, 개설등록신청서류, 최근 (　)년간 행정처분 및 행정처분 절차가 진행 중인 경우 그 관련 서류는 (　　　)에 해당한다.	① 중개업휴업·폐업신고서와 사업자등록 휴업·폐업신고서의 (　　)제출이 가능하다(자기들끼리 한 장씩 나누어 갖는다). ② 휴업신고와 폐업신고는 등록증(분사무소는　　　　　　)을 첨부해야 한다.
전자문서에 의한 신고	규정 없음	① 휴업신고와 폐업신고는 전자문서에 의한 신고(　) ② 재개신고와 변경신고는 전자문서에 의한 신고(　)
분사무소	분사무소 이전신고는 (　　　　　　) 등록관청에 한다.	분사무소만의 휴업신고, 폐업신고도 (　　　　　　) 등록관청에 한다.
제재	① 신고기한 내에 이전신고를 하지 않으면 (　　)만원 이하의 과태료 ② 가설건축물로 이전한 경우(등록기준 미달)는 (　　) 등록취소사유	① 3개월 초과 휴업신고, 폐업신고, 재개신고, 변경신고를 하지 않으면 (　　) 만원 이하의 과태료 ② 부득이한 사유없이 6개월 초과 휴업한 경우는 (　　) 등록취소사유
고용신고· 고용관계의 종료신고	① 고용인만(소속공인중개사, 중개보조원) 신고대상○, 임원 또는 사원은 신고대상(　) ② 고용신고(고용신고만 전자문서 가능)는 (　　　) 전까지 신고 　 고용관계의 종료신고(전자문서 규정 없음)는 고용관계의 종료일부터 (　)일 이내에 신고 ③ 소속공인중개사는 (　)교육, 중개보조원은 (　)교육을 받게 한 후 업무개시 전까지 신고 ⇨ (　) 교육, (　) 신고 ④ 위반 시 제재는 (　　　　　) ★ 고스톱	

중개계약

1. 일반(전속)중개계약서 표준서식의 기재사항

① 소속공인중개사는 일반(전속)중개계약서 작성하는 것도 아니고, 서명 또는 날인을 하는 것도 아니다. ⇨ 소속공인중개사는 중개계약(**시작단계**)에는 관여(**×**)

② 권리(**취득**)용 기재사항 : **희망**물건, 취득**희망**가격, **희망**지역, 그 밖의 **희망**조건
    ★ 집을 사는 사람(취득하려는 사람)이 희망에 부풀어 있다!

③ (**유효**)기간, 중개보수, 손해배상책임은 권리이전용과 권리취득용에서 공통 기재사항이다.

2. 전속중개계약을 체결한 개업공인중개사의 의무

① 개업공인중개사는 전속중개계약을 체결한 때에는 (**7**)일 이내 법 제24조의 부동산거래정보망 (**또는**) 일간신문에 정보를 공개하여야 한다. 다만, 중개의뢰인의 비공개 요청 시 공개하여서는 (**아니 된다.**) ⇨ 비공개 요청이 없는 한 공개해야 한다.

② 중개대상물에 관한 정보를 공개한 때에는 (**지체 없이**) 중개의뢰인에게 그 내용을 문서로 통지하여야 한다. 구두로 통지하여서는 아니 된다. 공개도 1회만 하면 족하고, 공개사실의 통지도 1회만 하면 족하다.

③ 개업공인중개사는 중개의뢰인에게 전속중개계약 체결 후 (**2**)**주일에** (**1**)**회 이상** 중개업무처리 상황을 (**문서**)로 통지하여야 한다(구두로 통지×).   ★ 이주일 때문에 1회 이상 웃었다~

④ (**국토교통부**)령이 정하는 계약서(전속중개계약서 표준서식)를 사용하여야 한다.
    but 일반중개계약서 표준서식은 (**有**) but 일반중개계약서 표준서식 사용의무(×)

⑤ 개업공인중개사는 전속중개계약을 체결한 때에는 해당 전속중개계약서를 (**3**)년간 보존하여야 한다.

3. 전속중개계약을 체결한 중개의뢰인의 의무

① 전속중개계약의 유효기간 내에 다른 개업공인중개사에게 중개를 의뢰하여 (**거래한**) 경우 중개의뢰인은 그가 지급하여야 할 중개보수에 해당하는 금액을 개업공인중개사에게 (**위약금**)으로 지급하여야 한다. ⇨ 새가 된 경우

② 전속중개계약의 유효기간 내에 개업공인중개사의 소개에 의하여 알게 된 상대방과 개업공인중개사를 (**배제**)하고 거래당사자 간에 직접 거래한 경우 중개의뢰인은 그가 지급하여야 할 중개보수에 해당하는 금액을 개업공인중개사에게 (**위약금**)으로 지급하여야 한다. ⇨ 나 완전히 새됐어~

③ 전속중개계약의 유효기간 내에 중개의뢰인이 스스로 발견한 상대방과 거래한 경우에는 **중개보수의 (50)%에 해당하는 금액의 범위 안에서** 개업공인중개사가 중개행위를 함에 있어서 **소요된 (비용)**(사회통념에 비추어 상당하다고 인정되는 비용을 말한다)을 지급한다. ⇨ 운이 좋은 경우

 OX 유효기간 내에 스스로 발견한 상대방과 거래한 경우 중개보수 50%를 지급한다.(×)

   ㉠ 중개보수 100만원, 비용 60만원 지급 ⇨ 중개보수의 50%인 50만원이 한도이다. 따라서 비용 (**50**)만원을 지급한다.

   ㉡ 중개보수 100만원, 비용 30만원 지급 ⇨ 비용 (**30**)만원을 지급한다.

   ㉢ 중개보수 100만원, 비용 0원 지급 ⇨ (**0원**)

중개계약

1. 일반(전속)중개계약서 표준서식의 기재사항

① 소속공인중개사는 일반(전속)중개계약서 작성하는 것도 아니고, 서명 또는 날인을 하는 것도 아니다. ⇨ 소속공인중개사는 중개계약(　　단계)에는 관여(　)

② 권리(　)용 기재사항 : **희망**물건, 취득**희망**가격, **희망**지역, 그 밖의 **희망**조건

★ 집을 사는 사람(취득하려는 사람)이 희망에 부풀어 있다!

③ (　　)기간, 중개보수, 손해배상책임은 권리이전용과 권리취득용에서 공통 기재사항이다.

2. 전속중개계약을 체결한 개업공인중개사의 의무

① 개업공인중개사는 전속중개계약을 체결한 때에는 (　)일 이내 법 제24조의 부동산거래정보망 (　) 일간신문에 정보를 공개하여야 한다. 다만, 중개의뢰인의 비공개 요청 시 공개하여서는 (　　　　) ⇨ 비공개 요청이 없는 한 공개해야 한다.

② 중개대상물에 관한 정보를 공개한 때에는 (　　　　) 중개의뢰인에게 그 내용을 문서로 통지하여야 한다. 구두로 통지하여서는 아니 된다. 공개도 1회만 하면 족하고, 공개사실의 통지도 1회만 하면 족하다.

③ 개업공인중개사는 중개의뢰인에게 전속중개계약 체결 후 (　)주일에 (　)회 이상 중개업무처리 상황을 (　)로 통지하여야 한다(구두로 통지×).　　　★ 이주일 때문에 1회 이상 웃었다~

④ (　　　　　)령이 정하는 계약서(전속중개계약서 표준서식)를 사용하여야 한다.

but 일반중개계약서 표준서식은 (　) but 일반중개계약서 표준서식 사용의무(　)

⑤ 개업공인중개사는 전속중개계약을 체결한 때에는 해당 전속중개계약서를 (　)년간 보존하여야 한다.

3. 전속중개계약을 체결한 중개의뢰인의 의무

① 전속중개계약의 유효기간 내에 다른 개업공인중개사에게 중개를 의뢰하여 (　　) 경우 중개의뢰인은 그가 지급하여야 할 중개보수에 해당하는 금액을 개업공인중개사에게 (　　)으로 지급하여야 한다. ⇨ 새가 된 경우

② 전속중개계약의 유효기간 내에 개업공인중개사의 소개에 의하여 알게 된 상대방과 개업공인중개사를 (　)하고 거래당사자 간에 직접 거래한 경우 중개의뢰인은 그가 지급하여야 할 중개보수에 해당하는 금액을 개업공인중개사에게 (　)으로 지급하여야 한다. ⇨ 나 완전히 새됐어~

③ 전속중개계약의 유효기간 내에 중개의뢰인이 스스로 발견한 상대방과 거래한 경우에는 **중개보수의 (　)%에 해당하는 금액의 범위 안에서** 개업공인중개사가 중개행위를 함에 있어서 **소요된 (　)**(사회통념에 비추어 상당하다고 인정되는 비용을 말한다)을 지급한다.
⇨ 운이 좋은 경우

OX 유효기간 내에 스스로 발견한 상대방과 거래한 경우 중개보수 50%를 지급한다.(　)

㉠ 중개보수 100만원, 비용 60만원 지급 ⇨ 중개보수의 50%인 50만원이 한도이다. 따라서 비용 (　)만원을 지급한다.

㉡ 중개보수 100만원, 비용 30만원 지급 ⇨ 비용 (　)만원을 지급한다.

㉢ 중개보수 100만원, 비용 0원 지급 ⇨ (　)

4 전속중개계약 체결 후 공개해야 하는 정보 vs 확인·설명사항

권.태.기.예.공.조 + 취.중.바닥.토	전속중개계약 체결 후 공개해야 하는 정보	확인 · 설명 사항
소유권, 저당권 등 **권**리관계	○ 다만, 권리자의 주소·성명 등 인적 사항은 공개하여서는 아니 된다.	○
벽면 및 도배의 상**태**	○	○
수도, 전기, 가스, 소방, 열공급, 승강기 등 상**태**	○	○
기본적 사항 = 표시사항 = 특정하기 위하여 필요한 사항 = 사실관계 (소재,지번,지목,면적,구조,용도,건축연도)	○	○
거래**예**정금액	○	○
공법상 이용제한 및 거래규제	○	○
일조, 소음, 진동 등 (**환경)조**건	○	○
도로, 대중교통 등 (**입지)조**건	○	○
취득 함에 따라 부담해야 할 조세의 종류 및 세율(이전 함×)	(×)	○
중개보수 및 실비의 금액과 산출내역	(×)	○
바닥면의 상태	(×)	○
토지이용계획	(×)	○

공시지가	○ 임대차의 경우 공개하지 아니할 수 있다.	(×)

5 비공개 시리즈

① 전속중개계약 체결 시 중개대상물에 대한 정보를 공개하여야 하고, 비공개 요청이 있는 경우 공개하여서는 (**아니 된다.**)

② 권리자(예 **임차인, 저당권자**)의 주소 · 성명 등 인적 사항은 공개하여서는 (**아니 된다.**)

③ 임대차에서 공시지가는 공개하지 (**아니할 수 있다.**)

4 전속중개계약 체결 후 공개해야 하는 정보 vs 확인·설명사항

권.태.기.예.공.조 + 취.중.바닥.토	전속중개계약 체결 후 공개해야 하는 정보	확인 · 설명 사항
소유권, 저당권 등 **권**리관계	○ 다만, 권리자의 주소·성명 등 인적 사항은 공개하여서는 아니 된다.	○
벽면 및 도배의 상**태**	○	○
수도, 전기, 가스, 소방, 열공급, 승강기 등 상**태**	○	○
기본적 사항 = 표시사항 = 특정하기 위하여 필요한 사항 = 사실관계 (소재,지번,지목,면적,구조,용도,건축연도)	○	○
거래**예**정금액	○	○
공법상 이용제한 및 거래규제	○	○
일조, 소음, 진동 등 ( )**조**건	○	○
도로, 대중교통 등 ( )**조**건	○	○
취득 함에 따라 부담해야 할 조세의 종류 및 세율(이전 함×)	( )	○
중개보수 및 실비의 금액과 산출내역	( )	○
바닥면의 상태	( )	○
토지이용계획	( )	○

공시지가	○ 임대차의 경우 공개하지 아니할 수 있다.	( )

5 비공개 시리즈

① 전속중개계약 체결 시 중개대상물에 대한 정보를 공개하여야 하고, 비공개 요청이 있는 경우 공개하여서는 (   )

② 권리자(예   )의 주소 · 성명 등 인적 사항은 공개하여서는 (   )

③ 임대차에서 공시지가는 공개하지 (   )

부동산거래정보망

1 거래정보사업자 지정절차

(1) 지정신청

① 누가? : 「전기통신사업법」에 의한 **(부가통신사업자)**만 지정신청할 수 있다.

② 일반법인뿐만 아니라 개인도 지정신청할 수 있다.

> ox 중개법인은 지정신청(×), 협회는 지정신청(○)

③ 지정받고자 하는 자는 **(국토교통부장관)**에게 지정신청서를 제출하여야 한다. ⇨ 신청자 입장 but 국토교통부장관은 지정을 할 수 있다. ⇨ 국토교통부장관 입장

④ **공인중개사자격증 사본을 제출(○)** but 법인등기사항증명서와 건축물대장은 제출(×)

(2) 지정요건 심사(국토교통부령으로 정함)

① 회원으로 가입한 **(개업공인중개사)**의 총 수가 **(500)**명 이상, **(2)**개 이상의 시·도, 각각 **(30)**명 이상 ⇨ 회원 요건

② 정보처리기사 **(1)**명 이상 확보 ⇨ 직원 요건

③ 공인중개사 **(1)**명 이상 확보(개업공인중개사 1명 이상×) ⇨ 직원 요건

> ox 거래정보사업자 본인이 공인중개사이어야 한다.(×)

④ **(국토교통부장관)**이 정하는 용량 및 성능을 갖춘 컴퓨터 설비 확보할 것 ⇨ 컴퓨터 요건

(3) 지정서 교부

지정신청을 받은 날부터 **(30)**일 이내 지정을 하고, 지정서를 교부하여야 한다.

(4) 운영규정 제정·승인

(지정받은 날)부터 **(3)**개월 이내 운영규정을 제정하여 **(국토교통부장관)**의 승인을 받아야 한다 (지정신청을 받은 날부터×).

(5) 설치·운영

지정받은 날부터 **(1)**년 이내 설치·운영을 하여야 한다(지정신청을 받은 날부터×).

2 지정취소사유 : (임의적) 지정취소

① 부정한 방법으로 지정을 받은 경우〔**주의** 행정형벌 (없음)〕

② **의뢰** 받지 않은 정보 공개, **의뢰**받은 것과 다르게 공개, **차별적 공개** + (1)년-(1)천

> ⇨ 개업공인중개사가 의뢰한 것만 공개해야 함, 중개의뢰인이 의뢰한 것을 공개(×)

③ 운영규정의 승인을 받지 않거나 변경승인을 받지 않거나 운영규정의 위반하여 운영 + **(500)**만원 이하의 과태료

④ 정당한 사유 없이 **(1)**년 이내에 설치·운영하지 않은 경우

⑤ 개인 사망, 법인 **(해산)**으로 계속적인 운영이 불가능한 경우

> ⇨ 지정을 **취소**하고자 하는 경우 **청문**을 실시해야 한다(사망·해산은 제외). ★ 취 - 취
>
> ox 지정을 취소하고자 하는 경우 청문을 실시해야 한다.(○)
>
> 지정을 취소하고자 하는 경우 반드시 청문을 실시해야 한다.(×)

부동산거래정보망

1. 거래정보사업자 지정절차

(1) 지정신청

① 누가? : 「전기통신사업법」에 의한 (   )만 지정신청할 수 있다.

② 일반법인뿐만 아니라 개인도 지정신청할 수 있다.

   OX 중개법인은 지정신청( ), 협회는 지정신청( )

③ 지정받고자 하는 자는 (   )에게 지정신청서를 제출하여야 한다. ⇨ 신청자 입장 but 국토교통부장관은 지정을 할 수 있다. ⇨ 국토교통부장관 입장

④ **공인중개사자격증 사본을 제출( ) but 법인등기사항증명서와 건축물대장은 제출( )**

(2) 지정요건 심사(령으로 정함)

① 회원으로 가입한 (   )의 총 수가 (   )명 이상, ( )개 이상의 시·도, 각각 (   )명 이상 ⇨ 회원 요건

② 정보처리기사 ( )명 이상 확보 ⇨ 직원 요건

③ 공인중개사 ( )명 이상 확보(개업공인중개사 1명 이상x) ⇨ 직원 요건

   OX 거래정보사업자 본인이 공인중개사이어야 한다.( )

④ (   )이 정하는 용량 및 성능을 갖춘 컴퓨터 설비 확보할 것 ⇨ 컴퓨터 요건

(3) 지정서 교부

지정신청을 받은 날부터 ( )일 이내 지정을 하고, 지정서를 교부하여야 한다.

(4) 운영규정 제정·승인

(   )부터 ( )개월 이내 운영규정을 제정하여 (   )의 승인을 받아야 한다 (지정신청을 받은 날부터x).

(5) 설치·운영

지정받은 날부터 ( )년 이내 설치·운영을 하여야 한다(지정신청을 받은 날부터x).

2. 지정취소사유 : (   ) 지정취소

① 부정한 방법으로 지정을 받은 경우〔**주의** 행정형벌 ( )〕

② **의**뢰 받지 않은 정보 공개, **의**뢰받은 것과 다르게 공개, **차**별적 공개 + ( )년-( )천

   ⇨ 개업공인중개사가 의뢰한 것만 공개해야 함, 중개의뢰인이 의뢰한 것을 공개( )

③ 운영규정의 승인을 받지 않거나 변경승인을 받지 않거나 운영규정의 위반하여 운영 + (   )만원 이하의 과태료

④ 정당한 사유 없이 ( )년 이내에 설치·운영하지 않은 경우

⑤ 개인 사망, 법인 (   )으로 계속적인 운영이 불가능한 경우

   ⇨ 지정을 **취**소하고자 하는 경우 **청**문을 실시해야 한다(사망·해산은 제외). ★ 취 - 취

   OX 지정을 취소하고자 하는 경우 청문을 실시해야 한다.( )

      지정을 취소하고자 하는 경우 반드시 청문을 실시해야 한다.( )

금지행위

1 금지행위 체계도

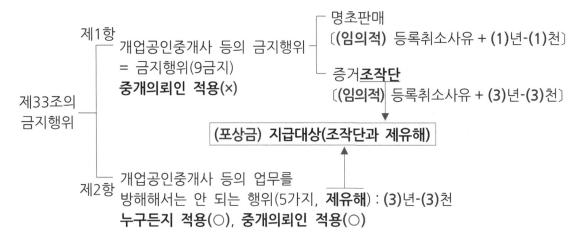

제33조의
금지행위

제1항
개업공인중개사 등의 금지행위
= 금지행위(9금지)
중개의뢰인 적용(x)

명초판매
〔(임의적) 등록취소사유 + (1)년-(1)천〕

증거**조작단**
〔(임의적) 등록취소사유 + (3)년-(3)천〕

(포상금) 지급대상(조작단과 제유해)

제2항
개업공인중개사 등의 업무를
방해해서는 안 되는 행위(5가지, **제유해**) : (3)년-(3)천
누구든지 적용(○), 중개의뢰인 적용(○)

2 법 제33조 제1항의 금지행위(9금지)의 유형

① 중개사무소의 개설등록을 하지 아니하고 중개업을 영위하는 자인 사실을 알면서 그를 통하여 중개를 의뢰받거나 그에게 자기의 **명**의를 이용하게 하는 행위

ㄱ 무등록 중개업자임을 **(알면서)** 해야 금지행위이다.

ㄴ 명의를 이용하게 하든 중개의뢰를 받든 둘 중 한 가지만 하면 금지행위이다. 무등록 중개업자로부터 중개의뢰를 받았으나 중개를 완성시키지 못한 경우 금지행위(○)

② 사례·증여 그 밖의 어떠한 명목으로도 중개보수 또는 실비를 **초**과하여 금품을 받는 행위

ㄱ '분양대행'과 '위임 및 도급'은 **(중개업)**이 아니므로 보수를 많이 받아도 초과보수 금지행위가 아니다.

ㄴ 공매대상 부동산의 취득알선의 경우에도 **(중개보수)** 제한 규정이 적용된다. ⇨ 많이 받으면 초과보수 금지행위(○)

ㄷ 실비의 한도를 초과하여 실비를 받아도 금지행위이다. 중개보수는 **(중개보수)** 한도로 판단하고, 실비는 **(실비)** 한도로 판단한다. 중개보수의 한도는 **(일방)**으로 판단한다.
⇨ 쌍방 합산액으로 판단x

ㄹ 초과 보수를 받은 후 돌려줘도 금지행위(○) 당좌수표(어음)를 받았는데 나중에 부도처리되더라도 초과보수 금지행위(○)

ㅁ 순가중개계약 체결 그 자체는 금지행위(x) 나중에 받은 차액이 법정 한도를 초과하면 초과보수 금지행위이다. 초과 보수를 요구했어도 받지 않았다면 금지행위(x)

ㅂ 지방자치단체의 조례를 잘못 해석하여 많이 받아도 초과보수 금지행위(○)

ㅅ 초과보수를 받으면 **(초과)**부분은 무효이다(**강행규정**). 초과부분은 부당이득으로 반환해야 한다. but 직접거래 금지행위 규정은 **(단속)규정**

③ 해당 중개대상물의 거래상의 중요사항에 관하여 거짓된 언행 그 밖의 방법으로 중개의뢰인의 **판**단을 그르치게 하는 행위〔속이거나 **(거짓말)**을 하는 행위〕

ㄱ **(소극적)** 기망행위(例 알면서 일부러 말을 안 해주는 것)도 판단을 그르치는 행위이다. 서로 짜는 행위는 판단을 그르치는 금지행위(○)

ㄴ '중개대상물의 가격'에 대한 것은 거래상 중요사항에 포함(○)

금지행위

1 금지행위 체계도

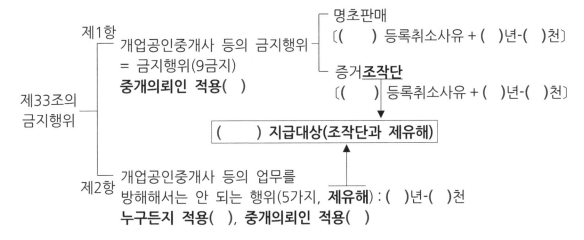

2 법 제33조 제1항의 금지행위(9금지)의 유형

① 중개사무소의 개설등록을 하지 아니하고 중개업을 영위하는 자인 사실을 알면서 그를 통하여 중개를 의뢰받거나 그에게 자기의 **명**의를 이용하게 하는 행위

㉠ 무등록 중개업자임을 (   ) 해야 금지행위이다.

㉡ 명의를 이용하게 하든 중개의뢰를 받든 둘 중 한 가지만 하면 금지행위이다. 무등록 중개업자로부터 중개의뢰를 받았으나 중개를 완성시키지 못한 경우 금지행위(   )

② 사례·증여 그 밖의 어떠한 명목으로도 중개보수 또는 실비를 **초**과하여 금품을 받는 행위

㉠ '분양대행'과 '위임 및 도급'은 (   )이 아니므로 보수를 많이 받아도 초과보수 금지행위가 아니다.

㉡ 공매대상 부동산의 취득알선의 경우에도 (   ) 제한 규정이 적용된다. ⇨ 많이 받으면 초과보수 금지행위(   )

㉢ 실비의 한도를 초과하여 실비를 받아도 금지행위이다. 중개보수는 (   ) 한도로 판단하고, 실비는 (   ) 한도로 판단한다. 중개보수의 한도는 (   )으로 판단한다. ⇨ 쌍방 합산액으로 판단×

㉣ 초과 보수를 받은 후 돌려줘도 금지행위(   ) 당좌수표(어음)를 받았는데 나중에 부도 처리되더라도 초과보수 금지행위(   )

㉤ 순가중개계약 체결 그 자체는 금지행위(   ) 나중에 받은 차액이 법정 한도를 초과하면 초과보수 금지행위이다. 초과 보수를 요구했어도 받지 않았다면 금지행위(   )

㉥ 지방자치단체의 조례를 잘못 해석하여 많이 받아도 초과보수 금지행위(   )

㉦ 초과보수를 받으면 (   )부분은 무효이다(**규정**). 초과부분은 부당이득으로 반환해야 한다. but 직접거래 금지행위 규정은 (   )규정

③ 해당 중개대상물의 거래상의 중요사항에 관하여 거짓된 언행 그 밖의 방법으로 중개의뢰인의 **판**단을 그르치게 하는 행위(속이거나 (   )을 하는 행위)

㉠ (   ) 기망행위(⑩ 알면서 일부러 말을 안 해주는 것)도 판단을 그르치는 행위이다. 서로 짜는 행위는 판단을 그르치는 금지행위(   )

㉡ '중개대상물의 가격'에 대한 것은 거래상 중요사항에 포함(   )

④ 중개대상물의 **매**매를 업으로 하는 행위 ㉔ 부동산매매업이 금지행위이다.

　입목, 광업재단, 공장재단도 중개대상물이므로 매매를 업으로 하면 금지행위(○)

　but 중개대상물의 매매를 중개하는 것은 금지행위(×)

⑤ 관계법령에서 양도·알선 등이 금지된 부동산의 분양·임대 등과 관련 있는 **증**서 등의 매매·교환 등을 중개하거나 그 매매를 업으로 하는 행위

　㉠ 분양권은 (**중개대상물**)에 해당하고 금지 증서에 해당하지 않는다. 따라서 매매를 중개하는 것은 금지행위(×), 매매를 업으로 하는 것은 (**1년-1천**)의 금지행위이다.

　㉡ 금지 증서(㉔ **입주자저축증서**)는 매매를 중개하든 매매를 업으로 하든 (**3년-3천**)의 금지행위이다.

　㉢ 상가분양계약서, 자동차, 건축자재 등은 금지 증서(×) 중개대상물(×) 즉, 아무 것도 아닌 것이므로 매매를 중개하든 매매를 업으로 하든 금지행위(×)

⑥ 중개의뢰인과 직접 **거**래를 하거나 거래당사자 쌍방을 대리하는 행위

　㉠ 동의를 받은 쌍방대리는 금지행위(○) ⇨ 혼자 계약서를 작성하니까

　㉡ 일방대리는 금지행위(×) ⇨ 둘이서 계약서를 작성하니까

　이행의 쌍방대리는 금지행위(×) ⇨ 계약서를 쓴 이후니까.....

　㉢ 직접거래는 (**중개의뢰인**)과 직접 거래하는 행위이다. 중개의뢰인과 모든 거래가 금지되어 있다. 따라서 매도, 매수, 임대, 임차, 교환 등 중개의뢰인과의 일체의 거래가 금지되어 있다.

　중개의뢰인의 (**대리인**)·수임인과 거래해도 직접거래 금지행위이다.

　but 중개의뢰인을 대리하여 타인과 거래하는 것은 (**일방**)대리이므로 금지행위(×)

　㉣ 개업공인중개사가 임차인이 남편이라는 사실을 집주인에게 알리지 않고 남편 명의로 중개의뢰인과 (**전세**)계약을 체결한 경우 직접거래 금지행위(×)

　㉤ 중개의뢰인에게 이득이 되어도 직접거래이다[(㉔ 중개보수를 받지 않고 중개의뢰인과 거래한 경우에 직접거래 금지행위(○), 중개의뢰인에게 저렴하게 매도한 경우에 직접거래 금지행위(○)].

　㉥ 다른 개업공인중개사의 (중개)로 중개의뢰인과 거래한 경우 직접거래 금지행위가 아니다.

⑦ 탈세 등 관계법령을 위반할 목적으로 소유권보존등기 또는 이전등기를 하지 아니한 부동산이나 관계법령의 규정에 의하여 전매 등 권리의 변동이 제한된 부동산의 매매를 중개하는 등 부동산투기를 **조**장하는 행위

　㉠ 탈법 목적의 미등기 전매를 중개하는 것은 전매차익이 안 남아도 금지행위(○)

　㉡ 미등기 전매를 요청한 중개의뢰인은 금지행위의 공동정범으로 처벌(×)

　㉢ 권리의 변동이 제한된 부동산의 매매를 중개하는 것이 금지행위이다.

　　(= 전매가 제한된, = **매매가 금지된**)

　㉣ 전매가 허용된 부동산의 매매를 중개하는 것은 금지행위(×) ㉔ 개발제한구역 내의 토지 매매를 중개한 것은 금지행위(×)

　㉤ 매매가 금지된 부동산의 임대차를 중개하는 것은 금지행위(×)

④ 중개대상물의 **매**매를 업으로 하는 행위 ⑩ 부동산매매업이 금지행위이다.

　　입목, 광업재단, 공장재단도 중개대상물이므로 매매를 업으로 하면 금지행위( )

　　but 중개대상물의 매매를 중개하는 것은 금지행위( )

⑤ 관계법령에서 양도·알선 등이 금지된 부동산의 분양·임대 등과 관련 있는 **증**서 등의 매매·교환 등을 중개하거나 그 매매를 업으로 하는 행위

　　㉠ 분양권은 (　　　　)에 해당하고 금지 증서에 해당하지 않는다. 따라서 매매를 중개하는 것은 금지행위( ), 매매를 업으로 하는 것은 (　　　)의 금지행위이다.

　　㉡ 금지 증서(⑩　　　　　)는 매매를 중개하든 매매를 업으로 하든 (　　　)의 금지행위이다.

　　㉢ 상가분양계약서, 자동차, 건축자재 등은 금지 증서( ) 중개대상물( ) 즉, 아무 것도 아닌 것이므로 매매를 중개하든 매매를 업으로 하든 금지행위( )

⑥ 중개의뢰인과 직접 **거**래를 하거나 거래당사자 쌍방을 대리하는 행위

　　㉠ **동의를 받은 쌍방대리는 금지행위( )** ⇨ 혼자 계약서를 작성하니까

　　㉡ **일방대리는 금지행위( )** ⇨ 둘이서 계약서를 작성하니까

　　　이행의 쌍방대리는 금지행위( ) ⇨ 계약서를 쓴 이후니까.....

　　㉢ 직접거래는 (　　　　)과 직접 거래하는 행위이다. 중개의뢰인과 모든 거래가 금지되어 있다. 따라서 매도, 매수, 임대, 임차, 교환 등 중개의뢰인과의 일체의 거래가 금지되어 있다.

　　　중개의뢰인의 (　　)·수임인과 거래해도 직접거래 금지행위이다.

　　　but 중개의뢰인을 대리하여 타인과 거래하는 것은 (　)대리이므로 금지행위( )

　　㉣ 개업공인중개사가 임차인이 남편이라는 사실을 집주인에게 알리지 않고 남편 명의로 중개의뢰인과 (　)계약을 체결한 경우 직접거래 금지행위( )

　　㉤ 중개의뢰인에게 이득이 되어도 직접거래이다〔(⑩ 중개보수를 받지 않고 중개의뢰인과 거래한 경우에 직접거래 금지행위( ), 중개의뢰인에게 저렴하게 매도한 경우에 직접거래 금지행위( )〕.

　　㉥ **다른 개업공인중개사의 (　)로** 중개의뢰인과 거래한 경우 직접거래 금지행위가 아니다.

⑦ 탈세 등 관계법령을 위반할 목적으로 소유권보존등기 또는 이전등기를 하지 아니한 부동산이나 관계법령의 규정에 의하여 전매 등 권리의 변동이 제한된 부동산의 매매를 중개하는 등 부동산투기를 **조**장하는 행위

　　㉠ 탈법 목적의 미등기 전매를 중개하는 것은 전매차익이 안 남아도 금지행위( )

　　㉡ 미등기 전매를 요청한 중개의뢰인은 금지행위의 공동정범으로 처벌( )

　　㉢ **권리의 변동이 제한된** 부동산의 매매를 중개하는 것이 금지행위이다.

　　　(= 전매가 제한된, = **매매가**　　　)

　　㉣ 전매가 허용된 부동산의 매매를 중개하는 것은 금지행위( ) ⑩ 개발제한구역 내의 토지 매매를 중개한 것은 금지행위( )

　　㉤ 매매가 금지된 부동산의 임대차를 중개하는 것은 금지행위( )

⑧ 부당한 이익을 얻거나 제3자에게 부당한 이익을 얻게 할 목적으로 거짓으로 거래가 완료된 것처럼 꾸미는(**조작**) 등 중개대상물의 시세에 부당한 영향을 주거나 줄 우려가 있는 행위〔**포상금 지급대상에 해당(○)**〕

 ㉠ 개업공인중개사 본인이 부당한 이익을 얻을 목적뿐만 아니라 (**제3자**)에게 부당한 이익을 얻게 할 목적도 포함된다.

 ㉡ 중개대상물의 시세에 부당한 영향을 주는 것뿐만 아니라 **줄 (우려)가 있는 행위도 포함**된다. ㉘ 10억원에 거래가 되지 않았는데, 거래가 된 것처럼 꾸미는 행위

⑨ **단**체를 구성하여 특정 중개대상물에 대하여 중개를 제한하거나 단체 구성원 이외의 자와 공동중개를 제한하는 행위〔**포상금 지급대상에 해당(○)**〕

 ㉠ 단체에는 산악회, 골프모임 등도 포함된다. 단체를 구성하는 것 그 자체는 금지행위(×)

 ㉡ 혼자서 공동중개를 거부하는 것은 금지행위(×)

③ 법 제33조 제2항의 금지행위(= 개업공인중개사 등의 업무를 방해해서는 안 되는 행위)의 효과

(**누구든지**) 시세에 부당한 영향을 줄 목적으로 개업공인중개사 등의 업무를 (**방해**)해서는 아니된다. ⇨ 중개의뢰인에게 적용(○) : (3)년-(3)천

④ 법 제33조 제2항의 금지행위의 유형 ★ 제유해~

① 안내문, 온라인 커뮤니티 등을 이용하여 특정 개업공인중개사 등에 대한 중개의뢰를 (**제한**)하거나 제한을 유도하는 행위〔**포상금 지급대상에 해당(○)**〕

② 안내문, 온라인 커뮤니티 등을 이용하여 중개대상물에 대하여 시세보다 현저하게 높게 표시·광고 또는 중개하는 특정 개업공인중개사 등에게만 중개의뢰를 하도록 (**유도**)함으로써 다른 개업공인중개사 등을 부당하게 차별하는 행위〔**포상금 지급대상에 해당(○)**〕

③ 안내문, 온라인 커뮤니티 등을 이용하여 특정 가격 이하로 중개를 의뢰하지 아니하도록 (**유도**)하는 행위〔**포상금 지급대상에 해당(○)**〕

④ 개업공인중개사 등에게 중개대상물을 시세보다 현저하게 높게 표시·광고하도록 (**강요**)하거나 대가를 약속하고 시세보다 현저하게 높게 표시·광고하도록 **유도**하는 행위〔**포상금 지급대상에 해당(○)**〕

⑤ 정당한 사유 없이 개업공인중개사 등의 중개대상물에 대한 (**정당한**) 표시·광고 행위를 방해하는 행위〔**포상금 지급대상에 해당(○)**〕 **부당한×**

⑤ 업무상 비밀누설 금지의무

① 개업공인중개사 등에게 적용된다. ⇨ 중개보조원도 적용(○)

② 업무를 떠난 후에도 (**또한 같다.**) but 확인·설명의무가 비밀누설 금지보다 (**우선**)한다.

③ 업무상 비밀을 누설한 경우 1년-1천(**반의사불벌죄**)

⑧ 부당한 이익을 얻거나 제3자에게 부당한 이익을 얻게 할 목적으로 거짓으로 거래가 완료된 것처럼 꾸미는(**조작**) 등 중개대상물의 시세에 부당한 영향을 주거나 줄 우려가 있는 행위〔**포상금 지급대상에 해당( )**〕

   ㉠ 개업공인중개사 본인이 부당한 이익을 얻을 목적뿐만 아니라 (   )에게 부당한 이익을 얻게 할 목적도 포함된다.

   ㉡ 중개대상물의 시세에 부당한 영향을 주는 것뿐만 아니라 **줄 (   )가 있는 행위도 포함**된다. ㉐ 10억원에 거래가 되지 않았는데, 거래가 된 것처럼 꾸미는 행위

⑨ **단**체를 구성하여 특정 중개대상물에 대하여 중개를 제한하거나 단체 구성원 이외의 자와 공동중개를 제한하는 행위〔**포상금 지급대상에 해당( )**〕

   ㉠ 단체에는 산악회, 골프모임 등도 포함된다. 단체를 구성하는 것 그 자체는 금지행위( )

   ㉡ 혼자서 공동중개를 거부하는 것은 금지행위( )

3 법 제33조 제2항의 금지행위(= 개업공인중개사 등의 업무를 방해해서는 안 되는 행위)의 효과

(   ) 시세에 부당한 영향을 줄 목적으로 개업공인중개사 등의 업무를 (   )해서는 아니 된다. ⇨ 중개의뢰인에게 적용( ) : ( )년-( )천

4 법 제33조 제2항의 금지행위의 유형 ★ 제유해~

① 안내문, 온라인 커뮤니티 등을 이용하여 특정 개업공인중개사 등에 대한 중개의뢰를 (   )하거나 제한을 유도하는 행위〔**포상금 지급대상에 해당( )**〕

② 안내문, 온라인 커뮤니티 등을 이용하여 중개대상물에 대하여 시세보다 현저하게 높게 표시·광고 또는 중개하는 특정 개업공인중개사 등에게만 중개의뢰를 하도록 (   )함으로써 다른 개업공인중개사 등을 부당하게 차별하는 행위〔**포상금 지급대상에 해당( )**〕

③ 안내문, 온라인 커뮤니티 등을 이용하여 특정 가격 이하로 중개를 의뢰하지 아니하도록 (   )하는 행위〔**포상금 지급대상에 해당( )**〕

④ 개업공인중개사 등에게 중개대상물을 시세보다 현저하게 높게 표시·광고하도록 (   )하거나 대가를 약속하고 시세보다 현저하게 높게 표시·광고하도록 **유**도하는 행위〔**포상금 지급대상에 해당( )**〕

⑤ 정당한 사유 없이 개업공인중개사 등의 중개대상물에 대한 (   ) 표시·광고 행위를 방**해**하는 행위〔**포상금 지급대상에 해당( )**〕   **부당한×**

3 업무상 비밀누설 금지의무

① 개업공인중개사 등에게 적용된다. ⇨ 중개보조원도 적용( )

② 업무를 떠난 후에도 (   ) but 확인·설명의무가 비밀누설 금지보다 (   )한다.

③ 업무상 비밀을 누설한 경우 1년-1천(불벌죄)

확인·설명의무와 확인·설명서 작성의무

확인 · 설명의무	중개대상물확인 · 설명서 작성의무
① 주체 : 개업공인중개사는 확인·설명권한도 있고, 의무도 있다. 소속공인중개사는 확인·설명권한은 있지만, 의무는 (없다.) but 중개업무를 할 수 없는 중개보조원은 확인·설명권한도 (없고), 의무도 (없다.) 주의 소속공인중개사는 확인 · 설명을 해야 하는 의무는 (없고), 확인 · 설명을 똑바로 해야 하는 의무는 (있다.) ② 시점 : 중개의뢰를 받고 (중개완성) 전까지 (중개완성 시×) ③ 대상자 : 권리(취득)의뢰인에게 (거래당사자에게×) ④ 방법 : 성실·정확하게 확인·설명(하고) 부동산종합증명서, 토지대장, 등기사항증명서 등 설명의 근거자료를 (제시)(교부×)하여야 한다. ㉠ 매도(임대)의뢰인에게 상태자료를 요구할 수 있다. ⇨ 불응 시 불응사실을 설명하고 (확인·설명서)에 기재해야 한다. ㉡ 신분증(모바일 주민등록증 포함) 제시도 (요구)할 수 있다. ⑤ 임대차 중개 시의 설명의무 : 개업공인중개사는 주택의 (임대차)계약을 체결하려는 중개의뢰인에게 ㉠ 확정일자 부여기관에 (정보제공)을 요청할 수 있다는 사항(확정일자 부여현황, 전입세대확인서)과 ㉡ 임대인이 납부하지 아니한 국세 및 지방세의 (열람)을 신청할 수 있다는 사항(국세납세증명서, 지방세납세증명서)을 설명하여야 한다. ⑥ 주택 임대차 중개 시 '(관리비) 금액과 그 산출내역'도 확인·설명해야 한다.	① 주체 : 개업공인중개사는 확인·설명서 작성권한도 있고, 의무도 있다. 소속공인중개사는 확인·설명서 작성권한은 있지만 작성의무는 (없다.) but 중개업무를 할 수 없는 중개보조원은 확인·설명서 작성권한도 (없고), 의무도 (없다.) ② 시점 : 중개가 완성되어 (거래계약서)를 작성하는 때 ⇨ 반드시 중개가 완성되어야 한다. ③ 교부 대상자 : (거래당사자)에게 교부하고, (3)년간 보존 ④ 서명 및 날인 : 개업공인중개사(법인의 경우 대표자, 분사무소의 경우 책임자)는 무조건 서명 및 날인하여야 한다. 공동중개 시 참여한 (모든) 개업공인중개사가 서명 및 날인하여야 한다. 해당 중개행위를 한 소속공인중개사는 개업공인중개사와 (함께) 서명 및 날인하여야 한다. 주의 서명 및 날인을 해야 하는 확인·설명서는 거래당사자에게 (교부)하는 확인·설명서를 의미하고, 보존하는 확인·설명서는 포함되지 않는다.

확인·설명의무와 확인·설명서 작성의무

확인 · 설명의무	중개대상물확인 · 설명서 작성의무
① 주체 : 개업공인중개사는 확인·설명권한도 있고, 의무도 있다. 소속공인중개사는 확인·설명권한은 있지만, 의무는 (　) but 중개업무를 할 수 없는 중개보조원은 확인·설명권한도 (　), 의무도 (　) 주의　소속공인중개사는 확인 · 설명을 해야 하는 의무는 (　), 확인 · 설명을 똑바로 해야 하는 의무는 (　) ② 시점 : 중개의뢰를 받고 (　) 전까지 　　　(중개완성 시×) ③ 대상자 : 권리(　)의뢰인에게 　　　(거래당사자에게×) ④ 방법 : 성실·정확하게 **확인·설명(　)** 부동산종합증명서, 토지대장, 등기사항증명서 등 설명의 근거자료를 (　)(교부×)하여야 한다. 　㉠ 매도(임대)의뢰인에게 상태자료를 요구할 수 있다. ⇨ 불응 시 불응사실을 **설명하고 (　)**에 기재해야 한다. 　㉡ 신분증(모바일 주민등록증 포함) 제시도 (　)할 수 있다. ⑤ 임대차 중개 시의 설명의무 : 개업공인중개사는 주택의 (　)계약을 체결하려는 중개의뢰인에게 ㉠ 확정일자 부여기관에 (　)을 요청할 수 있다는 사항(확정일자 부여현황, 전입세대확인서)과 ㉡ 임대인이 납부하지 아니한 국세 및 지방세의 (　)을 신청할 수 있다는 사항(국세납세증명서, 지방세납세증명서)을 설명하여야 한다. ⑥ 주택 임대차 중개 시 '(　) **금액과 그 산출내역**'도 확인·설명해야 한다.	① 주체 : 개업공인중개사는 확인·설명서 작성권한도 있고, 의무도 있다. **소속공인중개사는 확인·설명서 작성권한은 있지만 작성의무는 (　)** but 중개업무를 할 수 없는 중개보조원은 확인·설명서 작성권한도 (　), 의무도 (　) ② 시점 : 중개가 완성되어 (　)를 작성하는 때 ⇨ 반드시 중개가 완성되어야 한다. ③ 교부 대상자 : (　)에게 교부하고, (　)년간 보존 ④ 서명 및 날인 : 개업공인중개사(법인의 경우 대표자, **분사무소의 경우 　)**는 무조건 서명 및 날인하여야 한다. 공동중개 시 참여한 (　) 개업공인중개사가 서명 및 날인하여야 한다. 해당 중개행위를 한 소속공인중개사는 개업공인중개사와 (　) 서명 및 날인하여야 한다. 주의　서명 및 날인을 해야 하는 확인·설명서는 거래당사자에게 (　)하는 확인·설명서를 의미하고, 보존하는 확인·설명서는 포함되지 않는다.

거래계약서 작성

구분	거래계약서	중개대상물확인 · 설명서
작성	개업공인중개사는 작성권한도 (있고), 작성의무도 (있다.) **소속공인중개사는 작성권한은 (있지만), 작성의무는 (없다.)** 중개보조원은 권한도 (없고), 의무도 (없다.)	
교부 및 보존	중개완성 시 작성 · 교부 거래당사자에게 교부 (5)년간 보존	중개완성 시 작성 · 교부 거래당사자에게 교부 (3)년간 보존
보존 방식	원본, 사본 또는 (전자문서)를 보존해야 한다. 다만, (공인전자문서센터)에 보관 중이면 그러하지 아니하다.	
서명 및 날인	개업공인중개사가 서명 및 날인하되, 해당 중개행위를 한 소속공인중개사는 개업공인중개사와 (함께) 서명 및 날인하여야 한다.	
표준서식	국토교통부장관이 표준서식을 정하여 그 사용을 (권장)할 수 있다. but **공인중개사법령에는 표준서식이 (없다.)**	표준서식 있다. (네 가지로 세분화, 네 가지 모두 영문서식(有)
제재	① 성실 · 정확하게 확인 · 설명하지 않거나 설명의 근거자료를 제시하지 않은 경우 개업공인중개사는 (500)만원 이하의 과태료에 해당하고, 소속공인중개사는 (자격정지사유)에 해당한다. **but 소속공인중개사가 확인 · 설명을 아예 하지 않은 경우에는 자격정지사유(×) ⇨ 해고하면 된다.** ② 이중계약서(= 거짓 기재)를 작성하면 개업공인중개사는 (임의적) 등록취소사유에 해당하고, 소속공인중개사는 (자격정지사유)에 해당한다. ③ 서명 및 날인하지 않으면 개업공인중개사는 (업무정지사유)에 해당하고, 소속공인중개사는 (자격정지사유)에 해당한다. ④ 작성 · 교부하지 않거나 보존하지 않으면 개업공인중개사는 (업무정지사유)에 해당하고, 소속공인중개사는 (자격정지사유)에 해당하지 않는다.	

거래계약서 작성

구분	거래계약서	중개대상물확인·설명서
작성	개업공인중개사는 작성권한도 ( ), 작성의무도 ( ) **소속공인중개사는 작성권한은 ( ), 작성의무는 ( )** 중개보조원은 권한도 ( ), 의무도 ( )	
교부 및 보존	중개완성 시 작성·교부 거래당사자에게 교부 ( )년간 보존	중개완성 시 작성·교부 거래당사자에게 교부 ( )년간 보존
보존 방식	원본, 사본 또는 ( )를 보존해야 한다. 다만, ( )에 보관 중이면 그러하지 아니하다.	
서명 및 날인	개업공인중개사가 서명 및 날인하되, 해당 중개행위를 한 소속공인중개사는 개업공인중개사와 ( ) 서명 및 날인하여야 한다.	
표준서식	국토교통부장관이 표준서식을 정하여 그 사용을 ( )할 수 있다. but **공인중개사법령에는 표준서식이 ( )**	표준서식 있다. (네 가지로 세분화, 네 가지 모두 영문서식( )
제재	① 성실·정확하게 확인·설명하지 않거나 설명의 근거자료를 제시하지 않은 경우 개업공인중개사는 ( )만원 이하의 과태료에 해당하고, 소속공인중개사는 ( )에 해당한다. **but 소속공인중개사가 확인·설명을 아예 하지 않은 경우에는 자격정지사유( ) ⇨ 해고하면 된다.** ② 이중계약서(= 거짓 기재)를 작성하면 개업공인중개사는 ( ) 등록취소사유에 해당하고, 소속공인중개사는 ( )에 해당한다. ③ 서명 및 날인하지 않으면 개업공인중개사는 ( )에 해당하고, 소속공인중개사는 ( )에 해당한다. ④ 작성·교부하지 않거나 보존하지 않으면 개업공인중개사는 ( )에 해당하고, 소속공인중개사는 ( )에 해당하지 않는다.	

■ 거래계약서 필수적 기재사항

거래계약서 필수적 기재사항	인.권.서.약	부동산거래 신고사항
(○)	물건의 (인도일시)	(×)
(○)	권리이전의 내용	(×)
(○)	(확인·설명서) 교부일자	(×)
(○)	그 밖의 약정내용	(×)

확인 · 설명서 기재사항은 거래계약서 필수적 기개사항도 아니고, 부동산거래 신고사항도 아니다. 예 '공법상 이용제한 및 거래규제' '상태'는 거래계약서 필수적 기개사항(×), 부동산거래 신고사항(×)

■ 표준 서식

	일반중개계약서	전속중개계약서	확인·설명서	거래계약서
표준서식	(○)	(○)	(○)	(×)
사용의무	(×)	(○)	(○)	(×)

손해배상책임

1 공인중개사법상 손해배상책임 규정 ⇨ 일반인(제3자)는 적용(×)

① 법 제30조 제1항 : 개업공인중개사는 (중개행위)를 함에 있어서 **고의 또는 과실(중과실(○), 경과실(○))로** 인하여 거래당사자에게 (재산상)의 손해를 발생하게 한 때에는 그 손해를 배상할 책임이 있다.

② 법 제30조 제2항 : 개업공인중개사는 자기의 (중개사무소)를 다른 사람의 (중개행위)의 장소로 제공함으로써 거래당사자에게 (재산상)의 손해를 발생하게 한 때에는 그 손해를 배상할 책임이 있다(무과실 책임).

③ 손해배상책임(보증금청구)에서는 '중개행위'가 '중개'보다 (넓다.) ⇨ 개업공인중개사가 손해를 입히면 중개행위로 보면 된다.

> **OX** 개업공인중개사가 중도금을 횡령한 경우에도 중개행위에 해당한다.(○)
> 중개행위에 해당하면 보증기관에 보증금을 청구할 수 있다.(○)

④ 무상이어도 개업공인중개사는 확인·설명의무와 손해배상책임을 (부담)한다.

⑤ 제30조 제1항, 제30조 제2항, 고용인의 (업무상) 행위 이렇게 세 가지에 대해서 보증금 청구(○)

⑥ 개업공인중개사의 고의 또는 중과실에 의한 중개사고로 재산상 손해를 입은 중개의뢰인은 보증금을 청구(○)

■ 거래계약서 필수적 기재사항

거래계약서 필수적 기재사항	인.권.서.약	부동산거래 신고사항
(　)	물건의 (　　)	(　)
(　)	권리이전의 내용	(　)
(　)	(　　　　) 교부일자	(　)
(　)	그 밖의 약정내용	(　)

확인·설명서 기재사항은 거래계약서 필수적 기재사항도 아니고, 부동산거래 신고사항도 아니다. ⑩ '공법상 이용제한 및 거래규제' '상태'는 거래계약서 필수적 기재사항(　), 부동산거래 신고사항(　)

■ 표준 서식

	일반중개계약서	전속중개계약서	확인·설명서	거래계약서
표준서식	(　)	(　)	(　)	(　)
사용의무	(　)	(　)	(　)	(　)

손해배상책임

1 공인중개사법상 손해배상책임 규정 ⇨ 일반인(제3자)는 적용(　)

① 법 제30조 제1항 : 개업공인중개사는 (　　　)를 함에 있어서 **고의 또는 과실(중과실(　),** **경과실(　))로** 인하여 거래당사자에게 (　　)의 **손해**를 발생하게 한 때에는 그 손해를 배상할 책임이 있다.

② 법 제30조 제2항 : 개업공인중개사는 자기의 (　　　)를 다른 사람의 (　　　)의 장소로 제공함으로써 거래당사자에게 (　　)의 **손해**를 발생하게 한 때에는 그 손해를 배상할 책임이 있다(　　　책임).

③ 손해배상책임(보증금청구)에서는 '중개행위'가 '중개'보다 (　　) ⇨ 개업공인중개사가 손해를 입히면 중개행위로 보면 된다.
　　OX 개업공인중개사가 중도금을 횡령한 경우에도 중개행위에 해당한다.(　)
　　　중개행위에 해당하면 보증기관에 보증금을 청구할 수 있다.(　)

④ 무상이어도 개업공인중개사는 확인·설명의무와 손해배상책임을 (　)한다.

⑤ 제30조 제1항, 제30조 제2항, 고용인의 (　　) 행위 이렇게 세 가지에 대해서 보증금 청구(　)

⑥ 개업공인중개사의 고의 또는 중과실에 의한 중개사고로 재산상 손해를 입은 중개의뢰인은 보증금을 청구(　)

www.pmg.co.kr

2 업무보증의 설정

① 설정방법
  ㉠ 보증보험(보증보험회사), 공제(**협회**), 공탁(지방법원) 중 한 가지를 택하여 설정하면 된다.
  ㉡ 보증설정 방법에는 (**차이**)가 없으므로 다른 법률의 규정에 따라 중개업을 할 수 있는 자도 세 가지 중 (**한**) 가지를 택하여 설정하면 된다.
② 보증금액
  ㉠ 개인 : 2억원 이상, 부칙상의 개업공인중개사도 (**2**)억원 이상
  ㉡ 법인 : (**4**)억원 이상, 분사무소 설치 시 추가로 (**2**)억원 이상
  ㉢ 다른 법률의 규정에 따라 중개업을 할 수 있는 자 : (**2천만원**) 이상
  ⇨ **개업공인중개사는 (전액) 책임, 보증기관은 재산상 손해에 대해서 보증설정 (한도액) 내에서 책임**
③ 보증설정(변경)신고
  ㉠ 보증설정은 등록을 한 후 (**업무개시**) 전까지, 등록신청 전에(×), 업무개시 후×, 등록증 교부받은 후(×)
  ㉡ 기간 만료로 인한 재설정은 보증기간 (**만료일**)까지, 만료 후 즉시(×)
  ㉢ 보증의 변경은 (**이미**) 설정한 보증의 효력이 있는 기간 중에(만료 후 즉시×, 해지 후 즉시×)
  ㉣ 보증설정·재설정·변경 시 보증설정증명서류를 갖추어 등록관청에 신고하여야 한다. 보증기관이 통보하여 등록관청이 알고 있다면 **보증설정신고를 생략할 수 (있다.)**
  [ox] 보증설정신고를 해야 한다.(○)
     반드시 보증설정신고를 해야 한다.(×)

3 보증보험금 등의 지급

① (**중개완성**) 시(중개사고 시×) 개업공인중개사는 거래당사자에게 보증기간, 보증기관, 보증금액을 설명(**하고**), 관계증서 사본(전자문서 포함)을 교부하여야 한다.
② 공탁금은 개업공인중개사가 사망 또는 폐업 시 (**3**)년간 회수 불가하다. but 보증보험과 공제는 3년간 회수불가 규정이 (**없다.**)

4 보증보험금 등의 지급 후 법률관계

(**15**)일 이내에 보증보험, 공제에 다**시** 가입하거나 공탁금 중 부족액을 **보**전하여야 한다. (시보일)
but 기간만료로 인한 재설정은 (**만료일**)까지

5 제재

① 개업공인중개사가 업무보증을 설정하지 않고 업무를 개시한 경우 (**임의적**) 등록취소사유이다.
② 중개완성 시 손해배상책임의 보장에 대해서 설명하지 않거나 **관계증서 사본**(전자문서 포함)을 교부하지 않으면 (**100**)만원 이하의 **과**태료를 부과한다(과 - 과).
  but 중개완성 시 거래계약서(확인·설명서)를 교부하지× ⇨ (**업무정지사유**)

2 업무보증의 설정

① 설정방법
  ㉠ 보증보험(보증보험회사), 공제( ), 공탁(지방법원) 중 한 가지를 택하여 설정하면 된다.
  ㉡ 보증설정 방법에는 ( )가 없으므로 다른 법률의 규정에 따라 중개업을 할 수 있는
    자도 세 가지 중 ( ) 가지를 택하여 설정하면 된다.

② 보증금액
  ㉠ 개인 : 2억원 이상, 부칙상의 개업공인중개사도 ( )억원 이상
  ㉡ 법인 : ( )억원 이상, 분사무소 설치 시 추가로 ( )억원 이상
  ㉢ 다른 법률의 규정에 따라 중개업을 할 수 있는 자 : ( ) 이상
  ⇨ **개업공인중개사는 ( ) 책임, 보증기관은 재산상 손해에 대해서 보증설정 ( )**
    내에서 책임

③ 보증설정(변경)신고
  ㉠ 보증설정은 등록을 한 후 ( ) 전까지, 등록신청 전에( ), 업무개시 후×, 등록증
    교부받은 후( )
  ㉡ 기간 만료로 인한 재설정은 보증기간 ( )까지, 만료 후 즉시( )
  ㉢ 보증의 변경은 ( ) 설정한 보증의 효력이 있는 기간 중에(만료 후 즉시×, 해지 후
    즉시×)
  ㉣ 보증설정·재설정·변경 시 보증설정증명서류를 갖추어 등록관청에 신고하여야 한다.
    보증기관이 통보하여 등록관청이 알고 있다면 **보증설정신고를 생략할 수 ( )**
  ox 보증설정신고를 해야 한다.( )
    반드시 보증설정신고를 해야 한다.( )

3 보증보험금 등의 지급

① ( ) 시(중개사고 시×) 개업공인중개사는 거래당사자에게 보증기간, 보증기관, 보증
  금액을 설명( ), 관계증서 사본(전자문서 포함)을 교부하여야 한다.
② 공탁금은 개업공인중개사가 사망 또는 폐업 시 ( )년간 회수 불가하다. but 보증보험과
  공제는 3년간 회수불가 규정이 ( )

4 보증보험금 등의 지급 후 법률관계

( )일 이내에 보증보험, 공제에 다시 가입하거나 공탁금 중 부족액을 **보**전하여야 한다.
(시보일)
but 기간만료로 인한 재설정은 ( )까지

5 제재

① 개업공인중개사가 업무보증을 설정하지 않고 업무를 개시한 경우 ( ) 등록취소사유
  이다.
② 중개완성 시 손해배상책임의 보장에 대해서 설명하지 않거나 **관계증서 사본(전자문서 포함)**
  을 교부하지 않으면 ( )만원 이하의 **과**태료를 부과한다(과 - 과).
  but 중개완성 시 거래계약서(확인·설명서)를 교부하지× ⇨ ( )

계약금 등 반환채무이행의 보장

1. 예치권고제도
① 서로 간에 의무가 (아니다.)
② 계약금, 중도금뿐만 아니라 (잔금)도 예치 가능, 임대차에서 보증금도 예치 가능

2. 예치명의자와 예치기관

예치명의자	예치기관
개업공인중개사 은행(= 금융기관) 보험회사 신탁업자 체신관서 공제사업자 (전문)회사 but 법원(x), 투자중개업자(x) 소속공인중개사(x), 거래당사자(x)	금융기관(**은**행, **체**신관서) **공**제사업자(**보**험회사) **신**탁업자 ★ 짝짝짝 짝짝~ 은 공 체 보 신~!

3. 개업공인중개사 명의로 예치한 경우
① (분리)관리 : 별도의 통장으로 관리해야 한다.
② 인출제한 : 거래당사자의 (동의) 없이 인출해서는 안 된다.
③ 별도의 보증(보증보험 or 공제 or 공탁)을 설정해야 한다. 보증금은 (예치한) 금액만큼 설정 (개업공인중개사)의 명의일 때만 보증을 설정해야 한다. 은행 명의일 때 보증 설정x
④ 거래당사자와 (필요한) 사항을 약정해야 한다.
  ⇨ ①~④까지는 의무이다. ⇨ 위반 시 (업무정지사유)(법에 의무 有, 제재 규정 無)
⑤ 소요된 비용을 **매수인, 임차인, 전세권자** 등 (취득)의뢰인에게 청구할 수 있다.

중개보수

1. 중개보수 지급시기
① 약정이 없다면 거래대금의 (지급이 완료된 날)에 지급한다.
  `ox` 약정이 없다면 거래계약 체결 시에 지급한다.(x)
② 거래계약이 완료되지 않을 경우에도 중개의뢰인과 중개행위에 상응하는 보수를 지급하기 약정할 수 있고, 이 경우 (중개보수) 제한 규정이 적용된다.
③ **중개의뢰인이 아닌 거래당사자가 '중개대상물 확인·설명서'에 기명·날인을 하였더라도**, 이는 개업공인중개사로부터 '중개대상물 확인·설명서'를 수령한 사실을 확인하는 의미에 불과 할 뿐 '중개보수 등에 관한 사항'란에 기재된 바와 같이 **중개보수를 지급하기로 하는 약정 에 관한 의사표시라고 단정할 수 (없다.)**

계약금 등 반환채무이행의 보장

1. 예치권고제도

① 서로 간에 의무가 (   )

② 계약금, 중도금뿐만 아니라 (   )도 예치 가능, 임대차에서 보증금도 예치 가능

2. 예치명의자와 예치기관

예치명의자	예치기관
개업공인중개사 은행(=) 보험회사 신탁업자 체신관서 공제사업자 ( )회사 but 법원( ), 투자중개업자( ) 소속공인중개사( ), 거래당사자( )	금융기관(**은**행, **체**신관서) **공**제사업자(**보**험회사) **신**탁업자 ★ 짝짝짝 짝짝~ **은 공 체 보 신~!**

3. 개업공인중개사 명의로 예치한 경우

① (   )관리 : 별도의 통장으로 관리해야 한다.

② 인출제한 : 거래당사자의 (   ) 없이 인출해서는 안 된다.

③ 별도의 보증(보증보험 or 공제 or 공탁)을 설정해야 한다. 보증금은 (   ) 금액만큼 설정

  (   )의 명의일 때만 보증을 설정해야 한다. 은행 명의일 때 보증 설정×

④ 거래당사자와 (   ) 사항을 약정해야 한다.

  ⇨ ①~④까지는 의무이다. ⇨ 위반 시 (   )(법에 의무 有, 제재 규정 無)

⑤ 소요된 비용을 **매수인, 임차인, 전세권자 등** (   )**의뢰인에게** 청구할 수 있다.

중개보수

1. 중개보수 지급시기

① 약정이 없다면 거래대금의 (   )에 지급한다.

  ox 약정이 없다면 거래계약 체결 시에 지급한다.( )

② 거래계약이 완료되지 않을 경우에도 중개의뢰인과 중개행위에 상응하는 보수를 지급하기 약정할 수 있고, 이 경우 (   ) 제한 규정이 적용된다.

③ **중개의뢰인이 아닌 거래당사자가 '중개대상물 확인·설명서'에 기명·날인을 하였더라도**, 이는 개업공인중개사로부터 '중개대상물 확인·설명서'를 수령한 사실을 확인하는 의미에 불과할 뿐 '중개보수 등에 관한 사항'란에 기재된 바와 같이 **중개보수를 지급하기로 하는 약정에 관한 의사표시라고 단정할 수 (   )**

2 소멸

개업공인중개사의 고의 또는 과실로 인하여 중개의뢰인 간의 **거래계약이 무효·취소 또는 해제된 경우** 중개보수청구권은 **(소멸)**한다.

> OX 매수인의 이행지체로 거래계약이 해제된 경우 중개보수청구권은 소멸한다.**(x)**

3 중개보수 요율

① 주택(부속 토지 포함)의 경우

    ㉠ '주택'에 대한 중개보수는 국토교통부령이 정하는 범위 안에서 **(시·도)**의 조례로 정한다.

    ㉡ **주택**의 중개보수의 경우 일방으로부터 받을 수 있는 한도는 시행규칙 **(별표1)**과 같으며, 그 금액은 시·도의 **조례**로 정하는 요율한도 이내에서 중개의뢰인과 개업공인중개사가 서로 **(협의)**하여 결정한다. ★ 주택표조합(협), 주택조합(협)

② 주거용 오피스텔의 경우

    ㉠ 오피스텔이라 함은 「건축법 시행령」 별표 1 제14호 나목2)에 규정된 것으로 ⓐ전용면적이 **(85)제곱미터 이하**이면서 ⓑ상·하수도 시설이 갖추어진 전용입식 부엌, 전용 수세식 화장실 및 **(목욕)**시설(전용수세식 화장실에 목욕시설을 갖춘 경우를 포함한다)을 갖춘 것을 말한다(ⓐ과 ⓑ를 모두 갖출 것). ⇨ 요건을 한 가지라도 충족하지 못하면 상가로 취급한다.

    ㉡ 중개의뢰인 쌍방으로부터 각각 받되, 일방으로부터 받을 수 있는 한도는 매매·교환의 경우에는 **(0.5)**%, 임대차 등의 경우에는 **(0.4)**% 범위에서 결정한다(조례×).

        ★ **오**피스텔~ 영점**오**프로~

③ 그 밖의 주택 외 (⑩ 상가, 토지)의 경우 : '그 밖의 주택 외'에 대한 중개보수는 국토교통부령으로 정한다(조례×). ⇨ **(0.9)**% 이내에서 중개의뢰인과 개업공인중개사가 서로 **(협의)**하여 결정한다.

4 중개보수 산정 방법 : 거래금액 × 요율

① 보증금과 월차임이 있는 경우(모든 임대차에 적용됨)

    ㉠ 원칙 : 보증금 + 월차임 × **(100)** = 거래금액(즉, 환산보증금이 거래금액이다.)

    ㉡ 예외 : 합산액(= 환산보증금)이 **(5천만원)** 미만일 때 보증금 + 월차임 × **(70)** = 거래금액

> 주의 합산액이 5천만원일 때는 (원칙)이다. 단순보증금으로 판단하지 않고 합산액으로 예외인지를 판단한다.

② 임대차**(기간)**은 중개보수 계산 시 무시한다.

③ 교환 : 거래금액이 **(큰)** 중개대상물 가액을 거래금액으로 한다(작은 거×, 평균액×, 보충금×)

④ 동일 중개대상물 & 동일 당사자 & 동일 기회에〔매도인이 **(임차인)**이 된 경우 = 점유개정〕 ⇨ **(매매)**계약에 관한 거래금액만 적용한다. 임대차에 대해서는 중개보수를 못 받는다.

⑤ 건축물 중 주택 면적이 2분의 1 이상인 경우 **(주택)**에 대한 중개보수 규정을 적용한다.

    ㉠ 주택 면적이 2분의 1 미만이면 **(주택 외)** 요율을 적용한다.

    ㉡ '주택 면적'과 '주택 외 면적'이 같아도 **(주택)** 요율을 적용한다.

2 소멸

개업공인중개사의 고의 또는 과실로 인하여 중개의뢰인 간의 **거래계약이 무효·취소 또는 해제된 경우** 중개보수청구권은 (   )한다.

<kbd>ox</kbd> 매수인의 이행지체로 거래계약이 해제된 경우 중개보수청구권은 소멸한다.(   )

3 중개보수 요율

① 주택(부속 토지 포함)의 경우

  ㉠ '주택'에 대한 중개보수는 국토교통부령이 정하는 범위 안에서 (   )의 조례로 정한다.

  ㉡ **주택**의 중개보수의 경우 일방으로부터 받을 수 있는 한도는 시행규칙 (   )과 같으며, 그 금액은 시·도의 **조례**로 정하는 요율한도 이내에서 중개의뢰인과 개업공인중개사가 서로 (   )하여 결정한다. ★ 주택표조합(협), 주택조합(협)

② 주거용 오피스텔의 경우

  ㉠ 오피스텔이라 함은 「건축법 시행령」 별표 1 제14호 나목2)에 규정된 것으로 ⓐ전용면적이 (   )**제곱미터 이하**이면서 ⓑ상·하수도 시설이 갖추어진 전용입식 부엌, 전용 수세식 화장실 및 (   )시설(전용수세식 화장실에 목욕시설을 갖춘 경우를 포함한다)을 갖춘 것을 말한다(ⓐ과 ⓑ를 모두 갖출 것). ⇨ 요건을 한 가지라도 충족하지 못하면 상가로 취급한다.

  ㉡ 중개의뢰인 쌍방으로부터 각각 받되, 일방으로부터 받을 수 있는 한도는 매매·교환의 경우에는 (   )%, 임대차 등의 경우에는 (   )% 범위에서 결정한다(조례×).
    ★ **오**피스텔~ 영점**오**프로~

③ 그 밖의 주택 외 (예 상가, 토지)의 경우 : '그 밖의 주택 외'에 대한 중개보수는 국토교통부령으로 정한다(조례×). ⇨ (   )% 이내에서 중개의뢰인과 개업공인중개사가 서로 (   )하여 결정한다.

4 중개보수 산정 방법 : 거래금액 × 요율

① 보증금과 월차임이 있는 경우(모든 임대차에 적용됨)

  ㉠ 원칙 : 보증금 + 월차임 X (   ) = 거래금액(즉, 환산보증금이 거래금액이다.)

  ㉡ 예외 : 합산액(= 환산보증금)이 (   ) 미만일 때 보증금 + 월차임 X (   ) = 거래금액

  <kbd>주의</kbd> 합산액이 5천만원일 때는 (   )이다. 단순보증금으로 판단하지 않고 합산액으로 예외인지를 판단한다.

② 임대차(   )은 중개보수 계산 시 무시한다.

③ 교환 : 거래금액이 (   ) 중개대상물 가액을 거래금액으로 한다(작은 거×, 평균액×, 보충금×)

④ 동일 중개대상물 & 동일 당사자 & 동일 기회에〔매도인이 (   )이 된 경우 = 점유개정〕
   ⇨ (   )계약에 관한 거래금액만 적용한다. 임대차에 대해서는 중개보수를 못 받는다.

⑤ 건축물 중 주택 면적이 2분의 1 이상인 경우 (   )에 대한 중개보수 규정을 적용한다.

  ㉠ 주택 면적이 2분의 1 미만이면 (   ) 요율을 적용한다.

  ㉡ '주택 면적'과 '주택 외 면적'이 같아도 (   ) 요율을 적용한다.

⑥ 주택인 중개대상물 소재지와 중개사무소 소재지가 다른 경우 : **(중개사무소)** 소재지 시·도의 조례에 따른다. 분사무소에서 중개가 완성된 경우 **(분사무소)** 소재지 시·도의 조례에 따른다.

⑦ 아파트 분양권 : 계약금 + 기 납부된 중도금 + 프리미엄 = 거래금액○

총 대금(○)

≠ 총 분양가(×)

아파트 분양권은 **(주택)**에 대한 중개보수 요율을 적용한다.

5. 실비

① 실비 한도

국토교통부령이 정하는 범위 안에서 시·도의 **(조례)**로 정한다.

(실비 명목으로 더 받으면 안 되니까 규제 강화를 위해 실비에도 조례가 있다.)

② 실비의 범위(두 가지만 실비이다.)

┌ 중개대상물의 권리관계 등의 확인에 드는 비용

　⇨ 권리**(이전)**의뢰인에게 청구

└ 계약금 등의 반환채무이행 보장에 드는 비용

　⇨ 권리**(취득)**의뢰인(매수인, 임차인, 전세권자)에게 청구

　(매수인이 돈 떼일까봐 맡겨 놓은 것이니까...)

공인중개사협회

1. 설립과정 〔설립의 임의성, 비영리 **(사단)**법인〕 재단법인(×), 조합(×), 친목단체(×)

① 정관작성 : 회원 **(300)**명 이상의 발기인이 되어 정관 작성

② 정관에 대한 창립총회 의결 : 회원 600명 이상〔서울 **(100)**명 이상, 광역시·도·특별자치도 각각 **(20)**명 이상〕이 출석한 창립총회에서 출석 회원 과반수 동의로 의결(과반수 ≠ 반수)

③ 국토교통부장관의 설립**(인가)** ⇨ 국토교통부장관의 설립허가(×)

　`OX` 설립인가를 받으면 성립한다.(×)

④ 설립**(등기)**를 함으로써 성립한다.

구분	신고관청	감독관청
지부(둘 수 있다.)	시·도지사	**(국토교통부장관)**
지회(둘 수 있다.)	**(등록관청)** (시장·군수 또는 구청장)	

2. 협회의 업무

① 고유업무 : 공제사업, 부동산거래**(정보망)**사업

② 수탁업무 : 교육업무

③ 협회는 중개업(×), 개업공인중개사에 대한 제재업무(×), 모니터링 업무(×)

⑥ 주택인 중개대상물 소재지와 중개사무소 소재지가 다른 경우 : (　　　) 소재지 시·도의 조례에 따른다. 분사무소에서 중개가 완성된 경우 (　　　) 소재지 시·도의 조례에 따른다.

⑦ 아파트 분양권 : <u>계약금 + 기 납부된 중도금 + 프리미엄 = 거래금액</u>○
총 대금(　)
≠ 총 분양가(　)

아파트 분양권은 (　)에 대한 중개보수 요율을 적용한다.

5. 실비

① 실비 한도
국토교통부령이 정하는 범위 안에서 시·도의 (　)로 정한다.
(실비 명목으로 더 받으면 안 되니까 규제 강화를 위해 실비에도 조례가 있다.)

② 실비의 범위(두 가지만 실비이다.)
┌─ 중개대상물의 권리관계 등의 확인에 드는 비용
│　⇨ 권리(　)의뢰인에게 청구
│
└─ 계약금 등의 반환채무이행 보장에 드는 비용
　⇨ 권리(　)의뢰인(매수인, 임차인, 전세권자)에게 청구
　(매수인이 돈 떼일까봐 맡겨 놓은 것이니까...)

공인중개사협회

1. 설립과정 [설립의 임의성, 비영리 (　)법인] 재단법인(　), 조합(　), 친목단체(　)

① 정관작성 : 회원 (　)명 이상의 발기인이 되어 정관 작성
② 정관에 대한 창립총회 의결 : 회원 600명 이상[서울 (　)명 이상, 광역시·도·특별자치도 각각 (　)명 이상]이 출석한 창립총회에서 출석 회원 과반수 동의로 의결(과반수 ≠ 반수)
③ 국토교통부장관의 설립(　) ⇨ 국토교통부장관의 설립허가(　)
　ox 설립인가를 받으면 성립한다.(　)
④ 설립(　)를 함으로써 성립한다.

구분	신고관청	감독관청
지부(둘 수 있다.)	시·도지사	(　　　　　)
지회(둘 수 있다.)	(　　　) (시장·군수 또는 구청장)	

2. 협회의 업무

① 고유업무 : 공제사업, 부동산거래(　　)사업
② 수탁업무 : 교육업무
③ 협회는 중개업(　), 개업공인중개사에 대한 제재업무(　), 모니터링 업무(　)

3 공제사업 = 보험사업 + 관련 **(부대)**업무

① 회원 간의 **(상호부조)**를 목적으로 하는 비영리사업이다. 공제사업은 할 수 있는 것이고, 반드시 해야 하는 것은 아니다(임의사항).

② 공제규정을 제정하여 **(국토교통부장관)**의 승인을 얻어야 한다.
〔승인 받지 않은 경우 과태료 규정 없음 but **운영규정은 승인받지 않으면 (500)만원 이하의 과태료**〕

③ **(공제료)** 수입액(공제금×. 총 수입액×)의 100분의 **(10)** 이상을 책임준비금으로 적립 ⇨ 책임준비금을 다른 용도로 사용하고자 하는 경우 **(국토교통부장관)**의 승인을 얻어야 한다 (공제계약자의 승인×). but **지급여력비율은 100분의 (100) 이상**

④ 공제사업은 **(별도)**의 회계로 관리해야 한다(다른 사업과 돈이 섞이면 안 됨).

⑤ 매 회계연도 종료 후 (3)개월 이내에 공제사업의 운용 실적을 **일간신문 (또는) 협회보**에 공시하고 협회의 홈페이지에 게시해야 한다. ⇨ 위반 시 **(500)**만원 이하의 과태료

⑥ 공제사업과 관련한 국토교통부장관의 **개선명령(협회가 잘못함)**을 이행하지 않으면 **(500)**만원 이하의 과태료 개선명령의 ㉑ ~변경, 적립금 보유, 손실 처리 but 공제사업의 양도(×)

⑦ 국토교통부장관은 **(협회의 임원)**이 공제사업 관련 **잘못**을 하면 징계 또는 해임을 요구하거나 해당 위반행위를 시정하도록 명할 수 있다. ⇨ 위반 시 **(500)**만원 이하의 과태료

⑧ **(금융감독원장)**은 국토교통부장관의 요청이 있는 경우에 협회의 공제사업에 관하여 조사 또는 검사할 수 있다. ⇨ 위반 시 **(500)**만원 이하의 과태료
(금융감독원장이 국토교통부장관에게 요청하는 것이 아니라 **국토교통부장관이 금융감독원장에게 요청하는 것이다.**)

4 운영위원회

① 설치 : **(협회)**에 둔다(필수기관). ★ 한 식구

② 위원장(1명)과 부위원장(1명)은 위원 중에서 각각 호선한다. 위원장이 직무를 수행할 수 없을 때에는 **(부위원장)**이 직무를 대행한다.

③ 위원은 협회 **(회장)**이 국토교통부장관의 승인을 받아 위촉한다(국토교통부장관이 위촉×).
위원의 임기 **(2)**년, **(1)**회 한하여 연임 가능
보궐위원은 **(전임자)** 임기의 남은 기간(땜빵은 땜빵만 잘하면 된다.)

④ 위원회의 구성은 **(19)**명 이내 ★ 한 식구니까 십구명
협회 관련 사람은 **(3)**분의 1 미만

⑤ 통보 규정 없음(한 식구니까 카톡하면 된다~)

⑥ 재적위원 과반수의 출석으로 개의하고, **(출석위원)** 과반수의 찬성으로 의결한다.
`ox` 재적위원 과반수의 찬성으로 의결한다.**(×)**

⑦ 간사와 서기를 둔다. **(간사)**가 회의록을 작성한다.
(위원장)이 간사와 서기를 임명한다.

3 **공제사업** = 보험사업 + 관련 (   )업무

① 회원 간의 (   )를 목적으로 하는 비영리사업이다. 공제사업은 할 수 있는 것이고, 반드시 해야 하는 것은 아니다(임의사항).

② 공제규정을 제정하여 (   )의 승인을 얻어야 한다.
〔승인 받지 않은 경우 과태료 규정 없음 **but 운영규정은 승인받지 않으면 (   )만원 이하의 과태료**〕

③ (   ) 수입액(공제금×. 총 수입액×)의 100분의 (   ) 이상을 책임준비금으로 적립 ⇨ 책임준비금을 다른 용도로 사용하고자 하는 경우 (   )의 승인을 얻어야 한다 (공제계약자의 승인×). but **지급여력비율은 100분의 (   ) 이상**

④ 공제사업은 (   )의 회계로 관리해야 한다(다른 사업과 돈이 섞이면 안 됨).

⑤ 매 회계연도 종료 후 (   )개월 이내에 공제사업의 운용 실적을 **일간신문 (   ) 협회보**에 공시하고 협회의 홈페이지에 게시해야 한다. ⇨ 위반 시 (   )만원 이하의 과태료

⑥ 공제사업과 관련한 국토교통부장관의 **개선명령(협회가 잘못함)**을 이행하지 않으면 (   )만원 이하의 과태료 개선명령의 ㉖ ~변경, 적립금 보유, 손실 처리 but 공제사업의 양도(   )

⑦ 국토교통부장관은 (   )이 공제사업 관련 잘못을 하면 징계 또는 해임을 요구하거나 해당 위반행위를 시정하도록 명할 수 있다. ⇨ 위반 시 (   )만원 이하의 과태료

⑧ (   )은 국토교통부장관의 요청이 있는 경우에 협회의 공제사업에 관하여 조사 또는 검사할 수 있다. ⇨ 위반 시 (   )만원 이하의 과태료
(금융감독원장이 국토교통부장관에게 요청하는 것이 아니라 **국토교통부장관이 금융감독원장에게 요청하는 것이다.**)

4 **운영위원회**

① 설치 : (   )에 둔다(필수기관). ★ 한 식구

② 위원장(1명)과 부위원장(명)은 위원 중에서 각각 호선한다. 위원장이 직무를 수행할 수 없을 때에는 (   )이 직무를 대행한다.

③ 위원은 협회 (   )이 국토교통부장관의 승인을 받아 위촉한다(국토교통부장관이 위촉×).
위원의 임기 (   )년, (   )회 한하여 연임 가능
보궐위원은 (   ) 임기의 남은 기간(땜빵은 땜빵만 잘하면 된다.)

④ 위원회의 구성은 (   )명 이내 ★ 한 식구니까 십구명
협회 관련 사람은 (   )분의 1 미만

⑤ 통보 규정 없음(한 식구니까 카톡하면 된다~)

⑥ 재적위원 과반수의 출석으로 개의하고, (   ) 과반수의 찬성으로 의결한다.
▣ox 재적위원 과반수의 찬성으로 의결한다.(   )

⑦ 간사와 서기를 둔다. (   )가 회의록을 작성한다.
(   )이 간사와 서기를 임명한다.

교 육

1. 연수교육
① 시·도지사가 실시권자(국토교통부장관×)
② 대상자 : 개업공인중개사 및 소속공인중개사(2명), (2)년마다〔2명이니까 (2)년마다〕
  ⇨ **정당한 사유 없이 받지 않으면 (500)만원 이하의 과태료 ★** 오연수
③ 2년이 되기 (2)개월 전까지 통지 but 실무교육과 직무교육은 통지 없다~
④ 내용 : 법·제도의 **(변경)**, 중개 및 경영 실무, 직업윤리
⑤ 교육시간 : **(12)시간 이상 (16)시간 이하**

2. 실무교육
① 시·도지사가 실시권자(국토교통부장관×), **(1)년 이내 ★** 실무는 일이니까 일년
② 대상자 : 등록을 신청하려는 자(개업공인중개사×), 임원 또는 사원 **(전원)**
       분사무소책임자(○), 소속공인중개사(○), 중개보조원(×)
③ 내용 : 법률**(지식)**, 중개 및 경영 실무, 직업윤리
④ 교육시간 : 28시간 이상 **(32)시간 이하(12 + 16 = 28)**

3. 직무교육
① 시·도지사 또는 **(등록관청)**이 실시권자(국토교통부장관×)
② 중개보조원이 대상자, **(1)년 이내 ★** 직무는 일이니까 일년
③ 내용 : 법률(×), 중개 및 경영 실무(×), 직업윤리(○)
④ 교육시간 : **(3)시간 이상 4시간 이하(16 - 12 = 4)**

4. 교육지침
① **(국토교통부장관)**은 시·도지사가 실시하는 실무교육·연수교육·직무교육의 교육지침을 마련
  하여 그 지침을 시행할 수 있다.
② 교육지침 속에는 '교육' '강수강' 이 포함되어야 한다.
  강수강 : **(강사)**의 자격, 수강료, 수강신청 ★ 강수강

5. 부동산거래사고 예방교육
① 국장, 시·도지사, 등록관청(10글자)이 예방교육을 **(실시할 수 있다.)**
② 개업공인중개사 등이 대상자 ⇨ 중개보조원도 대상자(○)
③ 교육일 **(10)일** 전까지 교육대상자에게 통지 ★ 10글자니까 10일 전까지
④ 예방교육은 필요한 비용**(교육비)**을 지원할 수 있다.

교 육

1. 연수교육

① 시·도지사가 실시권자(국토교통부장관×)

② 대상자 : 개업공인중개사 및 소속공인중개사(2명), ( )년마다〔2명이니까 ( )년마다〕

   ⇨ **정당한 사유 없이 받지 않으면 (   )만원 이하의 과태료** ★ 오연수

③ 2년이 되기 ( )개월 전까지 통지 but 실무교육과 직무교육은 통지 없다~

④ 내용 : 법·제도의 (   ), 중개 및 경영 실무, 직업윤리

⑤ 교육시간 : (   )**시간 이상 (   )시간 이하**

2. 실무교육

① 시·도지사가 실시권자(국토교통부장관×), ( )년 이내 ★ 실무는 일이니까 일년

② 대상자 : 등록을 신청하려는 자(개업공인중개사×), 임원 또는 사원 (   )

   분사무소책임자(   ), 소속공인중개사(   ), 중개보조원(   )

③ 내용 : 법률(   ), 중개 및 경영 실무, 직업윤리

④ 교육시간 : 28시간 이상 (   )시간 이하(12 + 16 = 28)

3. 직무교육

① 시·도지사 또는 (   )이 실시권자(국토교통부장관×)

② 중개보조원이 대상자, ( )년 이내 ★ 직무는 일이니까 일년

③ 내용 : 법률( ), 중개 및 경영 실무( ), 직업윤리( )

④ 교육시간 : ( )시간 이상 4시간 이하(16 - 12 = 4)

4. 교육지침

① (   )은 시·도지사가 실시하는 실무교육·연수교육·직무교육의 교육지침을 마련하여 그 지침을 시행할 수 있다.

② 교육지침 속에는 '교육' '강수강' 이 포함되어야 한다.

   강수강 : ( )의 자격, 수강료, 수강신청 ★ 강수강

5. 부동산거래사고 예방교육

① 국장, 시·도지사, 등록관청(10글자)이 예방교육을 (   )

② 개업공인중개사 등이 대상자 ⇨ 중개보조원도 대상자( )

③ 교육일 ( )일 전까지 교육대상자에게 통지 ★ 10글자니까 10일 전까지

④ 예방교육은 필요한 비용(   )을 지원할 수 있다.

6 **교육의 업무위탁**

① 시·도지사가 실시하는 실무교육, 연수교육, 직무교육에 업무위탁이 있다.
but **(등록관청)**이 실시하는 직무교육은 업무위탁×

② 위탁받는 기관 : 협회(○), 공기업·준정부기관(○), 학교(부동산학과 有)(○)

③ 교육업무를 위탁받는 기관

㉠ 강사 요건 : **변호사는 경력 (2)년 이상, 세무사 등 다른 자격증 소지자는 경력 (3)년 이상**

전임강사는 경력 (2)년 이상, 석사는 경력 (3)년 이상 but 박사는 경력이 **(없어도 된다.)**
공무원은 **(7)**급 이상이고 6개월 이상 경력

㉡ 강의실 1개소 이상, 면적은 **(50)**㎡ 이상 but 중개사무소는 면적 제한(×)

7 **자격시험의 업무위탁**

① 위탁자 : 시험시행기관장

② 위탁받는 기관 : 협회(○), 공기업·준정부기관(○), 학교(부동산학과 有)(×)

▨ 행정수수료 ▨

1 **수수료를 납부하는 경우**

① 자격시험에 응시, **(등록신청)** 시, 분사무소설치신고 시

② **(자격증)** 재교부신청, 등록증 재교부신청, **(신고확인서)** 재교부신청

ox 자격증을 처음으로 교부받은 경우 수수료를 납부해야 한다.(×)
휴업신고를 하는 경우 수수료를 납부해야 한다.(×)

2 **수수료를 납부하는 방식**

① 시·도지사가 시험시행(원칙) : 해당 **(지방자치단체)**의 조례가 정하는 수수료

② 국토교통부장관이 시험시행(예외) : **(국토교통부장관)**이 결정·공고하는 수수료
(조례가 정하는 수수료×)

③ 업무위탁 : **(위탁받은 자)**가 **(위탁한 자)**의 승인을 얻어 결정·공고하는 수수료
(조례가 정하는 수수료×)

6 **교육의 업무위탁**

① 시·도지사가 실시하는 실무교육, 연수교육, 직무교육에 업무위탁이 있다.

   but (   )이 실시하는 직무교육은 업무위탁×

② 위탁받는 기관 : 협회(   ), 공기업·준정부기관(   ), 학교(부동산학과 有)(   )

③ 교육업무를 위탁받는 기관

   ㉠ 강사 요건 : **변호사는 경력 (   )년 이상, 세무사 등 다른 자격증 소지자는 경력 (   )년**
   이상

   전임강사는 경력 (   )년 이상, 석사는 경력 (   )년 이상 but 박사는 경력이 (   )

   공무원은 (   )급 이상이고 6개월 이상 경력

   ㉡ 강의실 1개소 이상, 면적은 (   )㎡ 이상 but 중개사무소는 면적 제한(   )

7 **자격시험의 업무위탁**

① 위탁자 : 시험시행기관장

② 위탁받는 기관 : 협회(   ), 공기업·준정부기관(   ), 학교(부동산학과 有)(   )

행정수수료

1 **수수료를 납부하는 경우**

① 자격시험에 응시, (   ) 시, 분사무소설치신고 시

② (   ) 재교부신청, 등록증 재교부신청, (   ) 재교부신청

   ox 자격증을 처음으로 교부받은 경우 수수료를 납부해야 한다.(   )

   휴업신고를 하는 경우 수수료를 납부해야 한다.(   )

2 **수수료를 납부하는 방식**

① 시·도지사가 시험시행(원칙) : 해당 (   )의 조례가 정하는 수수료

② 국토교통부장관이 시험시행(예외) : (   )이 결정·공고하는 수수료

   (조례가 정하는 수수료×)

③ 업무위탁 : (   )가 (   )의 승인을 얻어 결정·공고하는 수수료

   (조례가 정하는 수수료×)

포상금 비교

구분	포상금 시즌1 (공인중개사법령)	포상금 시즌2 (부동산거래신고 등에 관한 법령)
포상금 지급대상자	① **무등록** 중개업자 ② 등록증(자격증) **양도** 또는 대여한 자 ③ 개업공인중개사가 **아닌** 자로서 **(표시·광고)**를 한 자 ④ **부정한** 방법으로 **(등록)**을 한 자 ⑤ 등록증(자격증) **양수** 또는 대여받은 자 ⑥ **조작단과 제유해** ★ 무양 아닌 부양 조작단과 제유해 OX 등록증(자격증) 양도 또는 대여를 알선 한 자를 신고한 자는 포상금 지급대상(x)	① 주택임대차계약의 보증금·차임 등을 **(거짓)**으로 신고한 자 ② 부동산거래신고에서 **(거짓)**으로 신고한 자(예 실제 거래가격을 거짓으로 신고한 자, 계약을 체결하지 아니하였음에도 불구하고 거짓 신고한 자, 해제 등이 안 되었음에도 불구하고 거짓 신고를 한 자) ③ 토지거래허가(이하 허가)를 받지 않고 계약을 체결하거나 **(부정한)** 방법으로 허가를 받거나 허가받은 목적대로 이용하지 않은 자 ★ 주거부거허
포상금을 지급하는 경우	공소제기 또는 기소유예 무죄판결(○), 무혐의처분(x)	① **(과태료)**가 부과된 경우 ② 공소제기 또는 기소유예를 받은 경우 ③ **(이행)**명령을 받은 경우
포상금을 지급하지 않을 수 있는 경우	규정 없음	① **(공무원)**이 직무와 관련하여 발견한 사실을 신고 또는 고발을 한 경우 ② **(익)**명·가명으로 신고 또는 고발을 한 경우 ③ 해당 위반행위를 하거나 위반행위에 **(관여)**한 자가 신고 또는 고발을 한 경우
순서	포상금 지급신청 ⇨ 포상금 지급결정 ⇨ 포상금 지급**(결정일부터 1개월 이내)**	포상금 지급결정 ⇨ 포상금 지급신청 ⇨ 포상금 지급**(신청서 접수일부터 2개월 이내)**
포상금액	1건당 **(50)**만원으로 한다. 〔**(50)**% 이내 **(국고)**보조〕 OX 1인당 50만원(x) 전부 보조(x) 시·도 보조(x) 협회 보조(x)	① 주택임대차계약의 보증금·차임 등을 **(거짓)**으로 신고한 자, 부동산거래신고에서 **(거짓)**으로 신고한 자(예 실제 거래가격을 거짓으로 신고한 자, 계약을 체결하지 아니하였음에도 불구하고 거짓 신고한 자, 해제 등이 안 되었음에도 불구하고 거짓 신고를 한 자) ⇨ **부과되는 과태료의 (20)%. 지급한도액은 (1천)만원으로 한다.** ② 토지거래허가는 ⇨ **(50)**만원 ③ 비용은 시·군·구 재원으로 충당한다. 〔시즌2에서는 국고보조 **(없다.)**〕
시간 차이 有無 **(공통)**	① 2명 이상 공동 신고 또는 고발 ⇨ 원칙은 **(균분)**. 배분방법 **(합의)**가 있다면 **(합의)**대로 ② 2건 이상 신고 또는 고발, 하나의 위반행위에 대하여 2명 이상이 **(각각)** 신고 또는 고발 ⇨ **(최초)** 신고 또는 고발자에게 ③ 이미 **(발각)**된 후 신고 또는 고발은 포상금을 지급하지 않는다. ★ 뒷북금지	

포상금 비교

구분	포상금 시즌1 (공인중개사법령)	포상금 시즌2 (부동산거래신고 등에 관한 법령)
포상금 지급대상자	① **무등록** 중개업자 ② 등록증(자격증) **양도** 또는 대여한 자 ③ 개업공인중개사가 **아닌** 자로서 ( )를 한 자 ④ **부정한** 방법으로 ( )을 한 자 ⑤ 등록증(자격증) **양수** 또는 대여받은 자 ⑥ **조작단과 제유해** ★ 무양 아닌 부양 조작단과 제유해 [ox] 등록증(자격증) 양도 또는 대여를 알선 한 자를 신고한 자는 포상금 지급대상( )	① 주택임대차계약의 보증금·차임 등을 ( )으로 신고한 자 ② 부동산거래신고에서 ( )으로 신고한 자(예 실제 거래가격을 거짓으로 신고한 자, 계약을 체결하지 아니하였음에도 불구하고 거짓 신고한 자, 해제 등이 안 되었음에도 불구하고 거짓 신고를 한 자) ③ 토지거래허가(이하 허가)를 받지 않고 계약을 체결하거나 ( ) 방법으로 허가를 받거나 허가받은 목적대로 이용하지 않은 자 ★ 주거부거허
포상금을 지급하는 경우	공소제기 또는 기소유예 무죄판결( ), 무혐의처분( )	① ( )가 부과된 경우 ② 공소제기 또는 기소유예를 받은 경우 ③ ( )명령을 받은 경우
포상금을 지급하지 않을 수 있는 경우	규정 없음	① ( )이 직무와 관련하여 발견한 사실을 신고 또는 고발을 한 경우 ② ( )명·가명으로 신고 또는 고발을 한 경우 ③ 해당 위반행위를 하거나 위반행위에 ( )한 자가 신고 또는 고발을 한 경우
순서	포상금 지급신청 ⇨ 포상금 지급결정 ⇨ 포상금 지급(**결정일부터 이내**)	포상금 지급결정 ⇨ 포상금 지급신청 ⇨ 포상금 지급(**신청서 접수일부터 이내**)
포상금액	1건당 ( )만원으로 한다. 〔( )% 이내 ( )보조〕 [ox] 1인당 50만원( ) 전부 보조( ) 시·도 보조( ) 협회 보조( )	① 주택임대차계약의 보증금·차임 등을 ( )으로 신고한 자, 부동산거래신고에서 ( )으로 신고한 자(예 실제 거래가격을 거짓으로 신고한 자, 계약을 체결하지 아니하였음에도 불구하고 거짓 신고한 자, 해제 등이 안 되었음에도 불구하고 거짓 신고를 한 자) ⇨ **부과되는 과태료의 ( )%. 지급한도액은 ( )만원으로 한다.** ② 토지거래허가는 ⇨ ( )만원 ③ 비용은 시·군·구 재원으로 충당한다. 〔시즌2에서는 국고보조 ( )〕
시간 차이 有無 (공통)	① 2명 이상 공동 신고 또는 고발 ⇨ 원칙은 ( ). 배분방법 ( )가 있다면 ( )대로 ② 2건 이상 신고 또는 고발, 하나의 위반행위에 대하여 2명 이상이 ( ) 신고 또는 고발 ⇨ ( ) 신고 또는 고발자에게 ③ 이미 ( )된 후 신고 또는 고발은 포상금을 지급하지 않는다. ★ 뒷북금지	

부동산거래질서교란행위 신고센터

1. 부동산거래질서교란행위 신고센터의 설치 · 운영
　① 표시·광고 관련 위반행위(명시 사항을 위반하는 표시·광고, 부당한 표시·광고, 개업공인중개
　　사가 아닌 자로서 중개대상물에 대한 표시·광고를 하는 행위)는 부동산거래질서교란행위(×)
　② **(국토교통부장관)**은 부동산거래질서교란행위를 방지하기 위하여 부동산거래질서교란행위
　　신고센터를 설치 · 운영할 수 있다. ⇨ 국토교통부장관은 신고센터의 업무를 **(한국부동산원)**에
　　위탁한다.

2. 부동산거래질서교란행위 신고센터의 업무
　① 부동산거래질서교란행위 신고(전자문서에 의한 신고를 포함)의 **(접수)** 및 상담
　② 신고사항에 대한 확인 또는 시 · 도지사 및 등록관청 등에 신고사항에 대한 **조사 및 조치
　　(요구)**
　③ 신고인에 대한 신고사항 처리 결과 **(통보)**

3. 처리절차
　① 조사 및 조치의 요구를 받은 시 · 도지사 및 등록관청 등은 신속하게 해당 요구에 따른 조사
　　및 조치를 완료하고, 완료된 날부터 **(10)**일 이내에 그 결과를 신고센터에 통보
　　　　　　　　　　　　　　　★ **신**고센터니까 **십**일
　② 신고센터는 매월 **(10)**일까지 직전 달의 신고사항 접수 및 처리 결과 등을 국토교통부장관
　　에게 제출

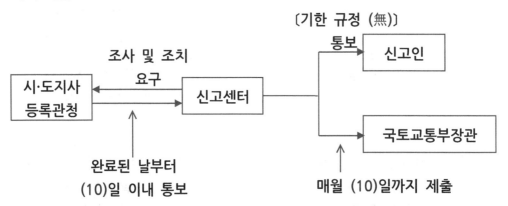

4. 신고사항의 처리종결
　신고센터는 다음 경우에 **(국토교통부장관)**의 승인을 받아 신고사항의 처리를 종결할 수 있다.

> ① 신고내용이 명백히 **(거짓)**인 경우
> ② 신고자가 신고사항의 보완요구를 받고도 보완에 응하지 아니한 경우
> ③ 신고사항의 처리결과를 통보받은 사항에 대하여 정당한 사유 없이 다시 **(신고)**한 경우
> 　로서 새로운 사실이나 증거자료가 없는 경우 ⇨ ①~③은 신고가 잘못됨
> ④ **신고내용이 이미 수사기관에서 (수사) 중이거나 재판에 (계속) 중이거나 법원의 판결에
> 　의해 확정된 경우** ⇨ 이미 조사 또는 조치 중이니까

부동산거래질서교란행위 신고센터

1. 부동산거래질서교란행위 신고센터의 설치 · 운영

① 표시·광고 관련 위반행위(명시 사항을 위반하는 표시·광고, 부당한 표시·광고, 개업공인중개사가 아닌 자로서 중개대상물에 대한 표시·광고를 하는 행위)는 부동산거래질서교란행위( )

② (   )은 부동산거래질서교란행위를 방지하기 위하여 부동산거래질서교란행위 신고센터를 설치 · 운영할 수 있다. ⇨ 국토교통부장관은 신고센터의 업무를 (   )에 위탁한다.

2. 부동산거래질서교란행위 신고센터의 업무

① 부동산거래질서교란행위 신고(전자문서에 의한 신고를 포함)의 ( ) 및 상담

② 신고사항에 대한 확인 또는 시 · 도지사 및 등록관청 등에 신고사항에 대한 **조사 및 조치** ( )

③ 신고인에 대한 신고사항 처리 결과 ( )

3. 처리절차

① 조사 및 조치의 요구를 받은 시 · 도지사 및 등록관청 등은 신속하게 해당 요구에 따른 조사 및 조치를 완료하고, 완료된 날부터 ( )일 이내에 그 결과를 신고센터에 통보

★ **신**고센터니까 **십**일

② 신고센터는 매월 ( )일까지 직전 달의 신고사항 접수 및 처리 결과 등을 국토교통부장관에게 제출

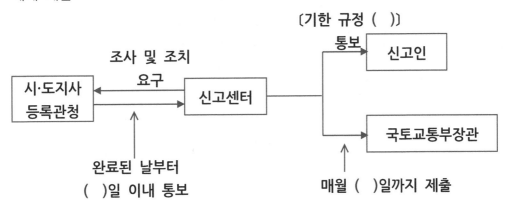

4. 신고사항의 처리종결

신고센터는 다음 경우에 (   )의 승인을 받아 신고사항의 처리를 종결할 수 있다.

① 신고내용이 명백히 ( )인 경우

② 신고자가 신고사항의 보완요구를 받고도 보완에 응하지 아니한 경우

③ 신고사항의 처리결과를 통보받은 사항에 대하여 정당한 사유 없이 다시 (   )한 경우로서 새로운 사실이나 증거자료가 없는 경우 ⇨ ①~③은 신고가 잘못됨

④ **신고내용이 이미 수사기관에서 ( ) 중이거나 재판에 ( ) 중이거나 법원의 판결에 의해 확정된 경우** ⇨ 이미 조사 또는 조치 중이니까

자격취소와 자격정지

구분	자격취소(절대적)	자격정지(임의적)
사유	★ 자취는 부. 양. 지. 역에서 한다. 조폭이 사문서 위조해서 행사하면 사기, 횡령, 배임이다. ① (부정한) 방법으로 자격을 취득 ② 자격증 양도 또는 대여 = (공인중개사)가 다른 사람에게 자기 성명을 사용하여 중개업무~ ③ 자격정지 기간 중에 중개업무를 한 경우 자격정지 기간 중에 (이중소속)을 한 경우 ④ 이 법 위반하여 징역형의 선고를 받은 경우(집행유예 선고도 포함) ⑤ **공인중개사의 직무와 관련하여 (형법) 위반으로 조폭이 사문서 위조해서 행사하면 사기, 횡령, 배임이다.** 금고형 선고(○), 징역형 선고(○), 집행유예 선고(○), 벌금형 선고(×)	★ 소속공인중개사가 위반 시 자격취소가 아니면 나머지는 자격정지라고 생각하자. ① 이중소속 ② 인장등록×, 등록하지 아니한 인장 사용 ③ 성실·정확하게 확인·설명하지 않거나 설명의 (근거자료)를 제시하지 않은 경우 ④ 이중계약서 = (거짓) 기재 ⑤ 해당 중개행위를 한 때 확인·설명서에 **서명 (및) 날인×** ⑥ 해당 중개행위를 한 때 거래계약서에 **서명 (및) 날인×** ⑦ 금지행위(9금지) but 작성×, 교부×, 보존× ⇨ 자격정지(×) **소공이 전속중개계약서를 작성× ⇨ 자격정지(×)**
처분 권자	① 무조건 (자격증을 교부한) 시·도지사가 자격취소처분을 행한다. ② 사무소 소재지 시·도지사가 (필요한) 절차를 모두 이행 후 자격증을 교부한 시·도지사에게 통보 ⇨ 통보를 받은 자격증을 교부한 시·도지사가 자격취소처분을 행한다.	자격취소의 처분권자와 내용 동일 ■ **별표3에 따라 자격정지기간이 6개월인 것** 이중(소속), 이중(계약서), 금지행위(9금지) ★ 이중, 이중, 금지 ⇨ 6글자니까 6개월
처분 대상자	공인중개사라면 누구나 소속공인중개사(○), 공인중개사인 개업공인중개사(○), 그냥 공인중개사(○)	소속공인중개사(임원 또는 사원인 소속공인중개사, 고용인인 소속공인중개사)만 개업공인중개사(×), 그냥 공인중개사(×)
사전 절차	자격을 취소하고자 하는 경우 청문을 실시하여야 한다. OX 자격을 취소한 경우 청문을 실시하여야 한다.(×)	① 청문× ② (등록관청)이 자격정지사유를 알게 된 때는 지체 없이 시·도지사에게 통보하여야 한다. OX 등록관청이 자격정지처분을 행한다.(×)
사후 절차	① (5)일 이내에 국토교통부장관과 다른 시·도지사에게 (통보)하여야 한다. ② 자격취소처분을 받은 날부터 (7)일 이내에 자격증 반납하여야 한다. ③ 분실 등으로 자격증을 반납할 수 없는 자는 (사유서)를 제출하여야 한다.	통보절차(×), 자격증 반납절차(×) ★ 정지면 가만히~

자격취소와 자격정지

구분	자격취소(절대적)	자격정지( )
사유	★ 자취는 부. 양. 지. 역에서 한다. 조폭이 사문서 위조해서 행사하면 사기, 횡령, 배임이다. ① ( ) 방법으로 자격을 취득 ② 자격증 양도 또는 대여 = ( )가 다른 사람에게 자기 성명을 사용하여 중개업무~ ③ 자격정지 기간 중에 중개업무를 한 경우 자격정지 기간 중에 ( )을 한 경우 ④ 이 법 위반하여 징역형의 선고를 받은 경우(선고도 포함) **⑤ 공인중개사의 직무와 관련하여 ( ) 위반으로 조폭이 사문서 위조해서 행사하면 사기, 횡령, 배임이다.** 금고형 선고( ), 징역형 선고( ), 집행유예 선고( ), 벌금형 선고( )	★ 소속공인중개사가 위반 시 자격취소가 아니면 나머지는 자격정지라고 생각하자. ① 이중소속 ② 인장등록×, 등록하지 아니한 인장 사용 ③ 성실·정확하게 확인·설명하지 않거나 설명의 ( )를 제시하지 않은 경우 ④ 이중계약서 = ( ) 기재 ⑤ 해당 중개행위를 한 때 확인·설명서에 **서명 ( ) 날인×** ⑥ 해당 중개행위를 한 때 거래계약서에 **서명 ( ) 날인×** ⑦ 금지행위(9금지) but 작성×, 교부×, 보존× ⇨ 자격정지( ) **소공이 전속중개계약서를 작성× ⇨ 자격정지( )**
처분권자	① 무조건 ( ) 시·도지사 **가 자격취소처분을 행한다.** ② 사무소 소재지 시·도지사가 ( ) 절차를 모두 이행 후 자격증을 교부한 시·도지사에게 통보 ⇨ 통보를 받은 자격증을 교부한 시·도지사가 자격취소처분을 행한다.	자격취소의 처분권자와 내용 동일 ■ **별표3에 따라 자격정지기간이 6개월인 것** 이중( ), 이중( ), 금지행위(9금지) ★ 이중, 이중, 금지 ⇨ 6글자니까 6개월
처분대상자	공인중개사라면 누구나 소속공인중개사( ), 공인중개사인 개업공인중개사( ), 그냥 공인중개사( )	소속공인중개사(임원 또는 사원인 소속공인중개사, 고용인인 소속공인중개사)만 개업공인중개사( ), 그냥 공인중개사( )
사전절차	자격을 취소하고자 하는 경우 청문을 실시하여야 한다. [OX] 자격을 취소한 경우 청문을 실시하여야 한다.( )	① 청문× ② ( )이 자격정지사유를 알게 된 때는 지체 없이 시·도지사에게 통보하여야 한다. [OX] 등록관청이 자격정지처분을 행한다.( )
사후절차	① ( )일 이내에 국토교통부장관과 다른 시·도지사에게 ( )하여야 한다. ② 자격취소처분을 받은 날부터 ( )일 이내에 자격증 반납하여야 한다. ③ 분실 등으로 자격증을 반납할 수 없는 자는 ( )를 제출하여야 한다.	통보절차( ), 자격증 반납절차( ) ★ 정지면 가만히~

절대적 등록취소

1 절대적 등록취소사유

★ 부정한 이중 결격사유는 사양한다고!
① (거짓) 그 밖의 **부정한** 방법으로 중개사무소의 개설등록을 한 경우
② **이중**으로 중개사무소의 개설등록을 한 경우
but 둘 이상 중개사무소를 둔 경우에는 **(임의적 등록취소사유)**
③ 개업공인중개사가 다른 개업공인중개사의 소속공인중개사 · 중개보조원 또는 개업공인중개사인 법인의 사원·임원이 된 경우(= **이중소속**)
④ 등록의 **결격사유**에 해당하게 된 경우
⑩ ~선고, 심판 이라는 단어가 보이면 결격사유에 해당한다.
㉠ 개업공인중개사가 한정후견 개시심판을 받은 경우 등록을 취소하여야 한다.(O)
㉡ 개업공인중개사가 파산선고를 받은 경우 등록을 취소하여야 한다.(O)
㉢ 개업공인중개사가 공인중개사법 위반으로 300만원의 벌금형을 선고받은 경우 등록을 취소하여야 한다.(O)
㉣ 개업공인중개사가 금고 이상 형의 집행유예를 받은 경우 등록을 취소하여야 한다.(O)
㉤ 모든 등록의 결격사유가 절대적 등록취소사유가 되는 것은 아니다.(O)
⑩ 미성년자는 등록의 결격사유이지만 절대적 등록취소사유는 아니다.
⑤ (개인)인 개업공인중개사가 **사**망하거나 개업공인중개사인 법인이 (**해산**)한 경우
⑥ 중개사무소등록증을 **양**도 또는 대여한 경우
= (**개업공인중개사**)가 다른 사람에게 자기의 성명 또는 상호를 사용하여 중개업무를 하게 한 경우
cf. (**무등록**) 중개업자임을 알면서 그 자에게 자신의 (**명의**)를 이용하게 한 경우
= 금지행위로서 (**임의적 등록취소사유**)
⑦ 인원 수 제한을 위반하여 (**중개보조원**)을 **고용**한 경우
⑧ (**업무정지기간**) 중에 중개업무를 하거나 자격정지처분을 받은 소속공인중개사로 하여금 자격정지기간 중에 중개업무를 하게 한 경우
but 시켜서 한 소속공인중개사는 (**자격정지사유**)
⑨ 최근 1년 이내에 이 법에 의하여 (2)회 이상 업무정지처분을 받고 다시 업무정지처분에 해당하는 행위를 한 경우

2 결격사유와 제재

① 개업공인중개사 : 등록의 결격사유 ⇨ (**절대적**) 등록취소사유(**2개월 이내 해소 예외 없음**)
② 임원 또는 사원 : 등록의 결격사유 ⇨ (**절대적**) 등록취소사유, 2개월 이내 해소한 경우 그러하지 아니하다.
③ 고용인 : 등록의 결격사유 ⇨ (**업무정지사유**) 2개월 이내 해소한 경우 그러하지 아니하다.

절대적 등록취소

1 절대적 등록취소사유

★ 부정한 이중 결격사유는 사양한다고!

① ( ) 그 밖의 **부정한** 방법으로 중개사무소의 개설등록을 한 경우

② **이중**으로 중개사무소의 개설등록을 한 경우
　but 둘 이상 중개사무소를 둔 경우에는 ( )

③ 개업공인중개사가 다른 개업공인중개사의 소속공인중개사·중개보조원 또는 개업공인중개사인 법인의 사원·임원이 된 경우(= **이중**)

④ 등록의 **결격사유**에 해당하게 된 경우

　㉖ ~선고, 심판 이라는 단어가 보이면 결격사유에 해당한다.

　㉠ 개업공인중개사가 한정후견 개시심판을 받은 경우 등록을 취소하여야 한다.( )

　㉡ 개업공인중개사가 파산선고를 받은 경우 등록을 취소하여야 한다.( )

　㉢ 개업공인중개사가 공인중개사법 위반으로 300만원의 벌금형을 선고받은 경우 등록을 취소하여야 한다.( )

　㉣ 개업공인중개사가 금고 이상 형의 집행유예를 받은 경우 등록을 취소하여야 한다.( )

　㉤ 모든 등록의 결격사유가 절대적 등록취소사유가 되는 것은 아니다.( )

　　㉖ 미성년자는 등록의 결격사유이지만 절대적 등록취소사유는 아니다.

⑤ ( )인 개업공인중개사가 **사**망하거나 개업공인중개사인 법인이 ( )한 경우

⑥ 중개사무소등록증을 **양**도 또는 대여한 경우
= ( )가 다른 사람에게 자기의 성명 또는 상호를 사용하여 중개업무를 하게 한 경우
　cf. ( ) 중개업자임을 알면서 그 자에게 자신의 ( )를 이용하게 한 경우
　= 금지행위로서 ( )

⑦ 인원 수 제한을 위반하여 ( )을 **고용**한 경우

⑧ ( ) 중에 중개업무를 하거나 자격정지처분을 받은 소속공인중개사로 하여금 자격정지기간 중에 중개업무를 하게 한 경우
　but 시켜서 한 소속공인중개사는 ( )

⑨ 최근 1년 이내에 이 법에 의하여 ( )회 이상 업무정지처분을 받고 다시 업무정지처분에 해당하는 행위를 한 경우

2 결격사유와 제재

① 개업공인중개사 : 등록의 결격사유 ⇨ ( ) 등록취소사유(**2개월 이내 해소 예외**)

② 임원 또는 사원 : 등록의 결격사유 ⇨ ( ) 등록취소사유, 2개월 이내 해소한 경우 그러하지 아니하다.

③ 고용인 : 등록의 결격사유 ⇨ ( ) 2개월 이내 해소한 경우 그러하지 아니하다.

임의적 등록취소와 업무정지

1 **임의적 등록취소사유** ★ 이계.보.록.이.아
① 이중계약서 = (거짓) 기재
② 업무(보증)을 설정하지 않고 업무를 개시
③ (등록기준) 미달(예 사무소가 가설건축물)
④ 이중사무소, (임시)중개시설물
⑤ (전속중개계약)을 체결한 후 중개대상물에 대한 정보를 공개하지 아니하거나 비공개 요청에도 불구하고 정보를 공개한 경우

주의

절대적 등록취소사유	임의적 등록취소사유	업무정지사유
① 등록을 취소하여야 한다.(○)	① 등록을 취소하여야 한다.(×)	① 등록을 취소하여야 한다.(×)
② 등록을 취소할 수 있다.(×)	② 등록을 취소할 수 있다.(○)	② 등록을 취소할 수 있다.(×)
③ 업무정지를 명할 수 있다.(×)	③ 업무정지를 명할 수 있다.(○)	③ 업무정지를 명할 수 있다.(○)

문제) 업무의 정지를 명할 수 있는 것은? (업무정지 + 임.등.취) 정답 : (①②)
① 확인·설명서 교부하지 않은 경우 ⇨ 업무정지
② 초과보수 금지행위를 한 경우 ⇨ 임.등.취
③ 부정한 방법으로 등록한 경우 ⇨ 절.등.취

문제) 등록을 취소할 수 있는 것은? (임.등.취) 정답 : (②)
① 확인·설명서 교부하지 않은 경우 ⇨ 업무정지
② 초과보수 금지행위를 한 경우 ⇨ 임.등.취
③ 부정한 방법으로 등록한 경우 ⇨ 절.등.취

2 **업무정지사유** ★ 서! 명령, 고.장.중.지
① **고용인**(소속공인중개사 또는 중개보조원)에게 등록의 (**결격사유**)가 발생한 경우(2개월 이내에 해소 못함)
② 인**장**을 등록하지 않거나 변경등록하지 않거나 등록하지 않은 인장을 사용한 경우
③ 부동산거래정보망에 **중**개대상물에 대한 정보를 거짓으로 공개하거나(**업무정지기간 6개월**), 중개대상물의 거래완성 사실을 통보하지 않은 경우(**업무정지기간 3개월**) but 거짓으로 표시·광고를 한 경우에는 (500)만원 이하의 과태료
④ (**부칙**)상의 개업공인중개사가 업무**지**역을 위반한 경우
　예 중개사무소가 서울에 있는 부칙상의 개업공인중개사가 부산에 있는 중개대상물을 중개한 경우

임의적 등록취소와 업무정지

1 **임의적 등록취소사유** ★ 이계.보.록.이.아
① 이중계약서 = (   ) 기재
② 업무(   )을 설정하지 않고 업무를 개시
③ (   ) 미달(예 사무소가 가설건축물)
④ 이중사무소, (   )중개시설물
⑤ (   )을 체결한 후 중개대상물에 대한 정보를 공개하지 아니하거나 비공개 요청
에도 불구하고 정보를 공개한 경우

주의

절대적 등록취소사유	임의적 등록취소사유	업무정지사유
① 등록을 취소하여야 한다.( )	① 등록을 취소하여야 한다.( )	① 등록을 취소하여야 한다.( )
② 등록을 취소할 수 있다.( )	② 등록을 취소할 수 있다.( )	② 등록을 취소할 수 있다.( )
③ 업무정지를 명할 수 있다.( )	③ 업무정지를 명할 수 있다.( )	③ 업무정지를 명할 수 있다.( )

문제) 업무의 정지를 명할 수 있는 것은? (업무정지 + 임.등.취) 정답 : (   )
① 확인·설명서 교부하지 않은 경우 ⇨ 업무정지
② 초과보수 금지행위를 한 경우 ⇨ 임.등.취
③ 부정한 방법으로 등록한 경우 ⇨ 절.등.취

문제) 등록을 취소할 수 있는 것은? (임.등.취) 정답 : (   )
① 확인·설명서 교부하지 않은 경우 ⇨ 업무정지
② 초과보수 금지행위를 한 경우 ⇨ 임.등.취
③ 부정한 방법으로 등록한 경우 ⇨ 절.등.취

2 **업무정지사유** ★ 서! 명령, 고.장.중.지
① **고용인**(소속공인중개사 또는 중개보조원)에게 등록의 (   )가 발생한 경우(2개월 이내에 해소 못함)
② 인**장**을 등록하지 않거나 변경등록하지 않거나 등록하지 않은 인장을 사용한 경우
③ 부동산거래정보망에 **중**개대상물에 대한 정보를 거짓으로 공개하거나(**업무정지기간   개월**), 중개대상물의 거래완성 사실을 통보하지 않은 경우(**업무정지기간   개월**)
but 거짓으로 표시·광고를 한 경우에는 (   )만원 이하의 과태료
④ (   )상의 개업공인중개사가 업무**지**역을 위반한 경우
예 중개사무소가 서울에 있는 부칙상의 개업공인중개사가 부산에 있는 중개대상물을 중개한 경우

상습범

1 상습범 (= 최근 1년 이내에~)
① 업무정지가 **(3)**번째이고, 마지막 위반이 **(업무정지)**면 절대적 등록취소
② 절대적 등록취소가 아니면 가운데 위반 횟수를 살피자.
　가운데 위반횟수가 3회면 임의적 등록취소
　　　　　　　　　 2회면 업무정지
　　　　　　　　　 1회면 마지막 그대로 간다.

2 사례 I
① 최근 1년 이내에 2회 업무정지처분 다시 업무정지 ⇨ **(절대적 등록취소)**
② 최근 1년 이내에 2회 업무정지처분, 1회 과태료처분 다시 업무정지 ⇨ **(절대적 등록취소)**
③ 최근 1년 이내에 3회 업무정지처분 다시 과태료 ⇨ **(임의적 등록취소)**
④ 최근 1년 이내에 2회 업무정지처분, 1회 과태료처분 다시 과태료 ⇨ **(임의적 등록취소)**
⑤ 최근 1년 이내에 1회 업무정지처분, 1회 과태료처분 다시 과태료 ⇨ **(업무정지)**
⑥ 최근 1년 이내에 1회 업무정지처분, 1회 과태료처분 다시 업무정지 ⇨ **(업무정지)**
⑦ 최근 1년 이내에 1회 과태료처분 다시 업무정지 ⇨ **(업무정지)**
⑧ 최근 1년 이내에 1회 과태료처분 다시 과태료 ⇨ **(과태료)**

주의 '2회 이상 업무정지 또는 과태료'는 업무정지와 과태료를 합해서 2번 받았다는 의미이다.
최근 1년 이내에 2회 이상 업무정지처분 또는 과태료처분을 받고 다시 과태료
⇨ **(업무정지)**

3 사례 II
2024년 8월 10일 업무정지처분을 받고, 2024년 12월 10일 과태료처분을 받고, 2025년 3월 10일 업무정지처분을 받고, 2025년 7월 10일에 업무정지에 해당하는 위반행위를 한 경우
⇩
최근 1년 이내 1회 과태료처분, 2회 업무정지처분 다시 업무정지에 해당하는 위반행위
⇨ **(절대적 등록취소)**

2024년 5월 10일 업무정지처분을 받고, 2024년 12월 10일 과태료처분을 받고, 2025년 3월 10일 업무정지처분을 받고, 2025년 7월 10일에 업무정지에 해당하는 위반행위를 한 경우(2024년 5월 10일에 받은 업무정지는 1년이 지난 것이므로 고려하지 않는다.)
⇩
최근 1년 이내 1회 과태료처분, 1회 업무정지처분 다시 업무정지에 해당하는 위반행위
⇨ **(업무정지)**

상습범

1 상습범 (= 최근 1년 이내에~)

① 업무정지가 ( )번째이고, 마지막 위반이 ( )면 절대적 등록취소

② 절대적 등록취소가 아니면 가운데 위반 횟수를 살피자.

　　가운데 위반횟수가 3회면 임의적 등록취소

　　　　　　　　2회면 업무정지

　　　　　　　　1회면 마지막 그대로 간다.

2 사례 Ⅰ

① 최근 1년 이내에 2회 업무정지처분 다시 업무정지 ⇨ ( )

② 최근 1년 이내에 2회 업무정지처분, 1회 과태료처분 다시 업무정지 ⇨ ( )

③ 최근 1년 이내에 3회 업무정지처분 다시 과태료 ⇨ ( )

④ 최근 1년 이내에 2회 업무정지처분, 1회 과태료처분 다시 과태료 ⇨ ( )

⑤ 최근 1년 이내에 1회 업무정지처분, 1회 과태료처분 다시 과태료 ⇨ ( )

⑥ 최근 1년 이내에 1회 업무정지처분, 1회 과태료처분 다시 업무정지 ⇨ ( )

⑦ 최근 1년 이내에 1회 과태료처분 다시 업무정지 ⇨ ( )

⑧ 최근 1년 이내에 1회 과태료처분 다시 과태료 ⇨ ( )

주의 '2회 이상 업무정지 또는 과태료'는 업무정지와 과태료를 합해서 2번 받았다는 의미이다.

최근 1년 이내에 2회 이상 업무정지처분 또는 과태료처분을 받고 다시 과태료

　　　　　　　　　　　　　　　　　　　⇨ ( )

3 사례 Ⅱ

2024년 8월 10일 업무정지처분을 받고, 2024년 12월 10일 과태료처분을 받고, 2025년 3월 10일 업무정지처분을 받고, 2025년 7월 10일에 업무정지에 해당하는 위반행위를 한 경우

⇩

최근 1년 이내 1회 과태료처분, 2회 업무정지처분 다시 업무정지에 해당하는 위반행위

　　　　　　　　　　　　⇨ ( )

2024년 5월 10일 업무정지처분을 받고, 2024년 12월 10일 과태료처분을 받고, 2025년 3월 10일 업무정지처분을 받고, 2025년 7월 10일에 업무정지에 해당하는 위반행위를 한 경우(2024년 5월 10일에 받은 업무정지는 1년이 지난 것이므로 고려하지 않는다.)

⇩

최근 1년 이내 1회 과태료처분, 1회 업무정지처분 다시 업무정지에 해당하는 위반행위

　　　　　　　　　　　　⇨ ( )

행정제재처분 효과의 승계

1. 업무정지처분의 시효제도(폐업과 무관)

업무정지처분은 그 사유가 발생한 날로부터 **(3)**년이 지난 때에는 할 수 없다.

〔등록취소, 자격취소, 자격정지는 시효제도가 **(없다.)** 따라서 3년이 지났어도 처분을 할 수 있다.〕

2. 행정제재처분 효과의 승계(폐업과 관련)

① 업무정지처분 또는 과태료처분을 받고 폐업을 함 ⇨ **(처분일)**부터 1년간 재등록을 함 ⇨ 처분의 효과가 승계됨(= 기록이 승계됨)　　　(폐업일×)

　주의 처분을 받았으면 (처분일)부터 재등록일까지 기간을 계산 ⇨ 1년 이하면 승계○
　　　　　　　　　　　　　　　　　　　　　　　　　　　　　　　1년 초과면 승계×

　　ox 폐업신고 전에 개업공인중개사에게 한 업무정지처분(과태료부과처분)의 효과는 그 처분일부터 **13개월**된 때에 재등록을 한 개업공인중개사에게 승계된다.(×)

　　ox 폐업신고 전에 개업공인중개사에게 한 업무정지처분(과태료처분)의 효과는 그 처분일부터 **9개월**된 때에 재등록을 한 개업공인중개사에게 승계된다.(○)

② 업무정지사유에 해당하는 행위를 하고 처분을 받기 전에 폐업을 함 ⇨ 폐업기간이 **(1)**년 초과 됨 ⇨ 재등록을 하더라도 폐업 전의 업무정지사유를 이유로 업무정지처분을 할 수 없다.

　주의 처분을 안 받았으면 폐업기간을 계산 ⇨ 1년 이하면 업무정지○
　　　　　　　　　　　　　　　　　　　　　　1년 초과면 업무정지×

　　ox 폐업기간이 **13개월**인 재등록 개업공인중개사에게 폐업신고 전의 업무정지사유에 해당하는 위반행위에 대하여 업무정지처분을 할 수 있다.(×)

　　ox 폐업기간이 **9개월**인 재등록 개업공인중개사에게 폐업신고 전의 업무정지사유에 해당하는 위반행위에 대하여 업무정지처분을 할 수 있다.(○)

③ 등록취소사유에 해당하는 행위를 하고 처분을 받기 전에 폐업을 함 ⇨ 폐업기간이 **(3)**년 초과 됨 ⇨ 재등록을 하더라도 폐업 전의 등록취소사유를 이유로 등록취소처분을 할 수 없다.

　주의 처분을 안 받았으면 폐업기간을 계산 ⇨ 3년 이하면 등록취소○
　　　　　　　　　　　　　　　　　　　　　　3년 초과면 등록취소×

　　ox 폐업기간이 **4년**인 재등록 개업공인중개사에게 폐업신고 전의 등록취소사유에 해당하는 위반행위에 대하여 등록취소처분을 한다.(×)

　　ox 폐업기간이 **2년**인 재등록 개업공인중개사에게 폐업신고 전의 등록취소사유에 해당하는 위반행위에 대하여 등록취소처분을 한다.(○)

　　but 폐업기간이 3년 초과된 것이 아니라면 등록취소처분을 하고, 결격기간(3년)에서 폐업기간을 공제한 기간 동안 결격사유에 해당한다. 예 폐업기간이 2년이었다면 등록취소처분을 하고, 3년에서 **(2)**년을 공제한 **(1)**년간 결격사유에 해당한다.

　주의 등록취소는 이래나 저래나 3년만 채우면 된다.

행정제재처분 효과의 승계

1 업무정지처분의 시효제도(폐업과 무관)

업무정지처분은 그 사유가 발생한 날로부터 (　)년이 지난 때에는 할 수 없다.

〔등록취소, 자격취소, 자격정지는 시효제도가 (　　) 따라서 3년이 지났어도 처분을 할 수 있다.〕

2 행정제재처분 효과의 승계(폐업과 관련)

① 업무정지처분 또는 과태료처분을 받고 폐업을 함 ⇨ (　　　)부터 1년간 재등록을 함 ⇨ 처분의 효과가 승계됨(= 기록이 승계됨)　　　　(폐업일×)

　주의 처분을 받았으면 (　　)부터 재등록일까지 기간을 계산 ⇨ 1년 이하면 승계○
　　　　　　　　　　　　　　　　　　　　　　　　1년 초과면 승계×

　[OX] 폐업신고 전에 개업공인중개사에게 한 업무정지처분(과태료부과처분)의 효과는 그 처분일부터 **13개월**된 때에 재등록을 한 개업공인중개사에게 승계된다.(　)

　[OX] 폐업신고 전에 개업공인중개사에게 한 업무정지처분(과태료처분)의 효과는 그 처분일부터 **9개월**된 때에 재등록을 한 개업공인중개사에게 승계된다.(　)

② 업무정지사유에 해당하는 행위를 하고 처분을 받기 전에 폐업을 함 ⇨ 폐업기간이 (　)년 초과 됨 ⇨ 재등록을 하더라도 폐업 전의 업무정지사유를 이유로 업무정지처분을 할 수 없다.

　주의 처분을 안 받았으면 폐업기간을 계산 ⇨ 1년 이하면 업무정지○
　　　　　　　　　　　　　　　　　　　　1년 초과면 업무정지×

　[OX] 폐업기간이 **13개월**인 재등록 개업공인중개사에게 폐업신고 전의 업무정지사유에 해당하는 위반행위에 대하여 업무정지처분을 할 수 있다.(　)

　[OX] 폐업기간이 **9개월**인 재등록 개업공인중개사에게 폐업신고 전의 업무정지사유에 해당하는 위반행위에 대하여 업무정지처분을 할 수 있다.(　)

③ 등록취소사유에 해당하는 행위를 하고 처분을 받기 전에 폐업을 함 ⇨ 폐업기간이 (　)년 초과 됨 ⇨ 재등록을 하더라도 폐업 전의 등록취소사유를 이유로 등록취소처분을 할 수 없다.

　주의 처분을 안 받았으면 폐업기간을 계산 ⇨ 3년 이하면 등록취소○
　　　　　　　　　　　　　　　　　　　　3년 초과면 등록취소×

　[OX] 폐업기간이 **4년**인 재등록 개업공인중개사에게 폐업신고 전의 등록취소사유에 해당하는 위반행위에 대하여 등록취소처분을 한다.(　)

　[OX] 폐업기간이 **2년**인 재등록 개업공인중개사에게 폐업신고 전의 등록취소사유에 해당하는 위반행위에 대하여 등록취소처분을 한다.(　)

　but 폐업기간이 3년 초과된 것이 아니라면 등록취소처분을 하고, 결격기간(3년)에서 폐업기간을 공제한 기간 동안 결격사유에 해당한다. ⑩ 폐업기간이 2년이었다면 등록취소처분을 하고, 3년에서 (　)년을 공제한 (　)년간 결격사유에 해당한다.

　주의 등록취소는 이래나 저래나 3년만 채우면 된다.

행정형벌

1. 3년 - 3천

① 무등록 중개업자[⑩ (폐업)신고를 한 후 중개업을 한 자]

② 부정한 방법으로 등록한 자 = (거짓)으로 등록을 한 자

  but 부정한 방법으로 자격과 부정한 방법으로 지정은 행정형벌(×) ⇨ 등신되지 않는다.

③ 금지 (증서)의 매매·교환을 중개, 금지 (증서)의 매매를 업으로 한 자

④ (쌍방)대리, (직접)거래를 한 자

⑤ (투기)조장행위를 한 자(미등기 전매를 중개, 매매가 금지된 부동산 매매를 중개)

⑥ 거짓으로 거래가 완료된 것처럼 꾸미는(= 조작) 등 시세에 영향을 주거나 줄 (우려)가 있는 행위를 한 자

⑦ (단체)를 구성하여 담합하는 행위를 한 자 ③~⑦은 증거조작단

⑧ 법 제33조 제2항의 금지행위(⑩ 제유해)

주의

① 무등록 중개업자와 중개의뢰인의 중개보수 지급약정은 (무효)이다. ⇨ 무등록 중개업자는 중개보수를 청구(×) but 개업공인중개사가 아닌 자가 우연한 기회에 1회 중개한 경우 중개보수를 청구(○)

② 무등록 중개업자에게 중개를 의뢰한 거래당사자는 무등록 중개업자와 공동정범으로 처벌(×)

2. 1년 - 1천

① **이중**등록을 한 자

② **이중**소속을 한 자

③ **이중**사무소를 설치한 자

④ **임시**중개시설물을 설치한 자 but 이중계약서는 행정형벌(×)

⑤ 등록증 **양**도 또는 대여, **양**수 또는 대여 받은 자(**알선한 자**)

⑥ 자격증 **양**도 또는 대여, **양**수 또는 대여 받은 자(**알선한 자**)

⑦ 공인중개사가 **아닌** 자가 (**공인중개사**) 또는 이와 유사 명칭 사용한 경우

　　　　　　　(2글자)　　　　　　　　　　(⑩ 부동산뉴스대표, OO부동산 및 부동산Cafe)

⑧ 개업공인중개사가 **아닌** 자가 공인중개사사무소, (**부동산중개**) 또는 이와 유사 명칭 사용한 경우　　　　(2글자)

⑨ 개업공인중개사가 **아닌** 자가 중개대상물의 (**표시**)·광고를 한 경우

　　　　　　　　　(2글자)

⑩ 거래정보사업자가 **의뢰**받지 않은 것 공개, **의뢰**받은 것과 다르게 공개, (**차별적**)으로 공개한 경우

⑪ 업무상 (**비밀**)을 누설한 자(반의사불벌죄) ★ 둘이서 비밀 이야기 소곤소곤....

⑫ **인원** 수 제한을 위반하여 (**중개보조원**)을 고용한 경우

⑬ 명·초·판·매

행정형벌

1 3년 - 3천

① 무등록 중개업자[⑩ (   )신고를 한 후 중개업을 한 자]
② 부정한 방법으로 등록한 자 = (   )으로 등록을 한 자
   but 부정한 방법으로 자격과 부정한 방법으로 지정은 행정형벌( ) ⇨ 등신되지 않는다.
③ 금지 (   )의 매매·교환을 중개, 금지 (   )의 매매를 업으로 한 자
④ (   )대리, (   )거래를 한 자
⑤ (   )조장행위를 한 자(미등기 전매를 중개, 매매가 금지된 부동산 매매를 중개)
⑥ 거짓으로 거래가 완료된 것처럼 꾸미는(=   ) 등 시세에 영향을 주거나 줄 (   )가 있는
   행위를 한 자
⑦ (   )를 구성하여 담합하는 행위를 한 자 ③~⑦은 증거조작단
⑧ 법 제33조 제2항의 금지행위(⑩   )

주의

① 무등록 중개업자와 중개의뢰인의 중개보수 지급약정은 (   )이다. ⇨ 무등록 중개업자는 중개
   보수를 청구( ) but 개업공인중개사가 아닌 자가 우연한 기회에 1회 중개한 경우 중개보수
   를 청구( )
② 무등록 중개업자에게 중개를 의뢰한 거래당사자는 무등록 중개업자와 공동정범으로 처벌( )

2 1년 - 1천

① **이중등록**을 한 자
② **이중소속**을 한 자
③ **이중사무소**를 설치한 자
④ **임시중개시설물**을 설치한 자 but 이중계약서는 행정형벌( )
⑤ 등록증 **양**도 또는 대여, **양**수 또는 대여 받은 자(**한 자**)
⑥ 자격증 **양**도 또는 대여, **양**수 또는 대여 받은 자(**한 자**)
⑦ 공인중개사가 **아닌** 자가 (   ) 또는 이와 유사 명칭 사용한 경우
          (2글자)   (⑩ 부동산뉴스대표, OO부동산 및 부동산Cafe)
⑧ 개업공인중개사가 **아닌** 자가 공인중개사사무소, (   ) 또는 이와 유사 명칭 사용
   한 경우   (2글자)
⑨ 개업공인중개사가 **아닌** 자가 중개대상물의 (   )·광고를 한 경우
               (2글자)
⑩ 거래정보사업자가 **의뢰받지 않은** 것 공개, **의뢰받은** 것과 다르게 공개, (   )으로 공개
   한 경우
⑪ 업무상 (   )을 누설한 자(반의사불벌죄) ★ **둘**이서 비밀 이야기 소곤소곤....
⑫ **인원** 수 제한을 위반하여 (   )을 고용한 경우
⑬ 명·초·판·매

과태료

1 100만원 이하의 과태료 ★ 게. 명. 신고. 증반납, 과 - 과

① 중개사무소등록증 원본(**분사무소는 신고확인서 원본**), 사업자등록증 등 **게**시×

② 개업공인중개사가 사무소 **명**칭 사용의무 위반한 경우

　　⑩ 부칙상의 개업공인중개사가 (**공인중개사사무소**) 명칭을 사용한 경우

③ (**옥외광고물**)에 성**명**표기하지 않거나 거짓으로 표기한 경우

　　but 옥외광고물 설치의무(×) 옥외광고물에 연락처와 등록번호는 표기의무(×)

④ 개업공인중개사가 중개대상물의 표시·광고 시 **명**시사항을 위반한 경우

　　⑩ 표시·광고 시 (**중개보조원**)에 관한 사항을 명시한 경우 100만원 이하의 과태료

⑤ 사무소 이전 **신고**×

⑥ 3개월 (**초과**) 휴업·폐업·재개·변경 **신고**× but 고용신고×, 고용관계 종료신고× : (**업무정지**)

⑦ 자격취소 후 자격**증** 반납×

　　(**사유서**)를 제출하지 아니하거나 (**사유서**)에 거짓으로 기재한 경우

⑧ 등록취소 후 등록**증** 반납×(**사유서 규정 없음**)

⑨ (**중개완성**) 시 손해배상책임의 보장에 대해서 설명하지 않거나

　　(**관계증서**) 사본(전자문서 포함) 교부×(과 - 과)

2 500만원 이하의 과태료

① (**성실·정확**)하게 중개대상물의 확인·설명을 하지 아니하거나 설명의 (**근거자료**)를 제시하지 아니한 자(개업공인중개사) but 소속공인중개사는 (**자격정지사유**)

② 부당한 표시·광고를 한 자(개업공인중개사)

　　⑩ 무(無)지 과장하고 축소해~

③ 연수교육을 정당한 사유 없이 받지 아니한 자(**개업공인중개사 및 소속공인중개사**)

④ 중개의뢰인에게 본인이 (**중개보조원**)이라는 사실을 미리 알리지 않은 자 및 그가 소속된 개업공인중개사[다만, 개업공인중개사가 위반행위를 방지하기 위하여 상당한 (**주의와 감독**)을 게을리하지 않은 경우 개업공인중개사는 과태료×]

　　OX 개업공인중개사가 상당한 주의와 감독을 게을리하지 않은 경우 중개보조원은 과태료 처분을 받지 않는다.(×)

3 과태료 부과권자

① 협회, 거래정보사업자, 정보통신서비스 제공자 : (**국토교통부장관**)

② (**연수**)교육을 정당한 사유 없이 받지 아니한 자와 자격취소 후 자격증을 반납하지 아니한 자 : (**시·도지사**)

③ ①과 ②을 제외한 것 : 등록관청

④ 부동산거래신고에서는 신고관청이 과태료를 부과하고, (**10**)일 이내에 등록관청에게 통보해야 한다. ★ **신고관청이니까 십일**

　　주의 등록기준, 설치기준, 과태료 부과기준은 (**대통령**)령으로 정한다.
　　　　but 자격정지와 업무정지의 부과기준은 (**국토교통부**)령으로 정한다.

과태료

1 100만원 이하의 과태료 ★ 게. 명. 신고. 증반납, 과 - 과
① 중개사무소등록증 원본(분사무소는 　　　　　　원본), 사업자등록증 등 **게시×**
② 개업공인중개사가 사무소 **명칭** 사용의무 위반한 경우
　예 부칙상의 개업공인중개사가 (　　　　　　) 명칭을 사용한 경우
③ (　　　)에 성**명**표기하지 않거나 거짓으로 표기한 경우
　but 옥외광고물 설치의무(　) 옥외광고물에 연락처와 등록번호는 표기의무(　)
④ 개업공인중개사가 중개대상물의 표시·광고 시 **명**시사항을 위반한 경우
　예 표시·광고 시 (　　　　)에 관한 사항을 명시한 경우 100만원 이하의 과태료
⑤ 사무소 이전 **신고×**
⑥ 3개월 (　) 휴업·폐업·재개·변경 **신고×**　but 고용신고×, 고용관계 종료신고× : (　　　　)
⑦ 자격취소 후 자격**증 반납×**
　(　　　)를 제출하지 아니하거나 (　　)에 거짓으로 기재한 경우
⑧ 등록취소 후 등록**증 반납×(사유서 규정　　)**
⑨ (　　　) 시 손해배상책임의 보장에 대해서 설명하지 않거나
　(　　　) 사본(전자문서 포함) 교부×(과 - 과)

2 500만원 이하의 과태료
① (　　　)하게 중개대상물의 확인·설명을 하지 아니하거나 설명의 (　　　)를 제시하지 아니한 자(개업공인중개사) but 소속공인중개사는 (　　　　　)
② 부당한 표시·광고를 한 자(개업공인중개사)
　예 무(無)지 과장하고 축소해~
③ 연수교육을 정당한 사유 없이 받지 아니한 자(**개업공인중개사 및** 　　　　　)
④ 중개의뢰인에게 본인이 (　　　　)이라는 사실을 미리 알리지 않은 자 및 그가 소속된 개업공인중개사[다만, 개업공인중개사가 위반행위를 방지하기 위하여 상당한 (　　　　) 을 게을리하지 않은 경우 개업공인중개사는 과태료×]
　ox 개업공인중개사가 상당한 주의와 감독을 게을리하지 않은 경우 중개보조원은 과태료 처분을 받지 않는다.(　)

3 과태료 부과권자
① 협회, 거래정보사업자, 정보통신서비스 제공자 : (　　　　　)
② (　　)교육을 정당한 사유 없이 받지 아니한 자와 자격취소 후 자격증을 반납하지 아니한 자 : (　　　　)
③ ①과 ②을 제외한 것 : 등록관청
④ 부동산거래신고에서는 신고관청이 과태료를 부과하고, (　)일 이내에 등록관청에게 통보 해야 한다.　★ **신고관청이니까 십일**

　주의 등록기준, 설치기준, 과태료 부과기준은 (　　)령으로 정한다.
　　　but 자격정지와 업무정지의 부과기준은 (　　　)령으로 정한다.

부동산거래신고

1 신고대상[매매계약(○), 공급계약(○), 증여(×), 교환(×), 임대차(×)]

① 부동산 매매계약

> **OX** 토지 매매계약의 경우 토지거래허가를 받았더라도 부동산거래신고는 해야 한다.(○)
> 농지 매매계약의 경우 농지취득자격증명을 발급받았더라도 부동산거래신고는 해야
> 한다.(○)

★ **주택**을 **정비**해서 **분양**하는 건 **택.도.업.공~**

㉠ 주택법(건축법×)

㉡ 도시 및 주거환경 **(정비)**법

㉢ 빈집 및 소규모 주택 **(정비)**에 관한 특례법

㉣ 건축물 **(분양)**에 관한 법률

㉤ **(택지개발)**촉진법

㉥ 도시개발법

㉦ **(산업입지)** 및 개발에 관한 법률

㉧ 공공**(주택)** 특별법

---

② 위의 8가지 법상 부동산 공급계약(= **분양계약**)

③ 위의 8가지 법상 공급계약을 통하여 **부동산을 공급받는 자로 선정된 지위(분양권)** 매매
계약

④ 「도시 및 주거환경정비법」상 관리처분계획 인가로 인하여 취득한 **입주자로 선정된 지위
(입주권)**와 「빈집 및 소규모 주택 정비에 관한 특례법」상 사업시행계획인가로 취득한 **입주자
로 선정된 지위(입주권)** 매매계약

■ 신고대상 사례

① 「빈집 및 소규모 주택 정비에 관한 특례법」상 부동산 공급계약(○)

② 「빈집 및 소규모 주택 정비에 관한 특례법」상 부동산 공급계약을 통하여 부동산을
공급받는 자로 선정된 지위의 매매계약(○)

③ 「빈집 및 소규모 주택 정비에 관한 특례법」상 사업시행계획인가로 취득한 입주자로
선정된 지위의 매매계약(○)

---

2 신고의무자

① 개업공인중개사가 거래계약서를 작성·교부한 경우 : 개업공인중개사○, 거래당사자는 신고
의무(×)

② 거래당사자 간의 직접 거래인 경우(직거래) : 거래당사자 **(공동)**신고○(국민들끼리, 거부를
안 함) but 일방에 국가 등이 있다면 **(국가 등)**이 신고의무자이다.

3 신고기한 및 신고관청

① 거래계약 체결일(잔금지급일×)부터 **(30)**일 이내에 신고하여야 한다.

② **(부동산)** 소재지(사무소 소재지×)시장·군수 또는 구청장(= 신고관청)에게 신고하여야 한다.

부동산거래신고

1. 신고대상〔매매계약( ), 공급계약( ), 증여( ), 교환( ), 임대차( )〕

① 부동산 매매계약

> OX 토지 매매계약의 경우 토지거래허가를 받았더라도 부동산거래신고는 해야 한다.( )
> 농지 매매계약의 경우 농지취득자격증명을 발급받았더라도 부동산거래신고는 해야 한다.( )

> ★ **주택**을 **정비**해서 **분양**하는 건 **택.도.업.공~**
> ㉠ 주택법(건축법×)
> ㉡ 도시 및 주거환경 ( )법
> ㉢ 빈집 및 소규모 주택 ( )에 관한 특례법
> ㉣ 건축물 ( )에 관한 법률
> ㉤ ( )촉진법
> ㉥ 도시개발법
> ㉦ ( ) 및 개발에 관한 법률
> ㉧ 공공( ) 특별법

② 위의 8가지 법상 부동산 공급계약(=)

③ 위의 8가지 법상 공급계약을 통하여 **부동산을 공급받는 자로 선정된 지위**( ) 매매계약

④ 「도시 및 주거환경정비법」상 관리처분계획 인가로 인하여 취득한 **입주자로 선정된 지위**( )와 「빈집 및 소규모 주택 정비에 관한 특례법」상 사업시행계획인가로 취득한 **입주자로 선정된 지위**( ) 매매계약

> ■ 신고대상 사례
> ① 「빈집 및 소규모 주택 정비에 관한 특례법」상 부동산 공급계약( )
> ② 「빈집 및 소규모 주택 정비에 관한 특례법」상 부동산 공급계약을 통하여 부동산을 공급받는 자로 선정된 지위의 매매계약( )
> ③ 「빈집 및 소규모 주택 정비에 관한 특례법」상 사업시행계획인가로 취득한 입주자로 선정된 지위의 매매계약( )

2. 신고의무자

① 개업공인중개사가 거래계약서를 작성·교부한 경우 : 개업공인중개사○, 거래당사자는 신고의무( )

② 거래당사자 간의 직접 거래인 경우(직거래) : 거래당사자 ( )신고○(국민들끼리, 거부를 안 함) but 일방에 국가 등이 있다면 ( )이 신고의무자이다.

3. 신고기한 및 신고관청

① 거래계약 체결일(잔금지급일×)부터 ( )일 이내에 신고하여야 한다.

② ( ) 소재지(사무소 소재지×)시장·군수 또는 구청장(= 신고관청)에게 신고하여야 한다.

4 신고필증 발급

① 부동산거래신고를 받은 신고관청은 **(지체 없이)**(7일 이내×, 즉시×) 신고필증을 발급하여야 한다.

② 부동산거래신고필증을 발급받으면 **(검인)**을 받은 것으로 본다**(= 검인의제)**.

5 신고절차

① 개업공인중개사가 **(거래계약서)**를 작성·교부한 경우(= 중개거래인 경우)

공동중개 시 (공동)신고

- 개업공인중개사가 신고 : 부동산거래계약신고서에 서명 **(또는)** 날인하여 제출하여야 한다. 거래당사자의 서명 또는 날인은 **(불필요)**

- 신고의 대행 : **(소속공인중개사)**가 대행할 수 있다. 중개보조원은 대행(×) 소속공인중개사는 개업공인중개사가 서명 또는 날인을 해 준 신고서를 대신 제출한다. **위임장은 제출(×)**

② 거래당사자 간의 직접 거래인 경우

- 거래당사자 공동신고 : 신고서에 **(공동)**으로 서명 또는 날인하여 제출하여야 한다.

  `OX` 공동으로 제출하여야 한다.(×)

  일방에 국가 등이 있는 경우 : **(국가 등)**이 신고서에 **(단독)**으로 서명 또는 날인하여 제출하여야 한다.

  일방이 공동신고를 거부해서 타방이 단독으로 신고하는 경우 : 신고서에 **(단독)**으로 서명 또는 날인하여 제출하여야 한다. **단독신고(사유서)**와 **(거래계약서) 사본**을 첨부하여야 한다. **(공동중개 시 거부도 동일)** 신고관청은 단독신고사유에 해당여부를 확인하여야 한다.

- 신고의 대행 : 거래당사자의 위임을 받은 자가 대행할 수 있다. 위임장을 제출(○) ⇨ 개인은 신분증명서 사본과 위임장(위임한 자가 서명 또는 날인) 법인은 위임장**(법인인감을 날인)**

③ 전자문서에 의한 신고(업무의 전자적 처리) : 대행하는 경우(×), 신고를 거부한 경우(×)

④ 신분확인 : 부동산거래신고를 하려는 자는 신분증명서**(여권 포함)**를 신고관청에게 보여주어야 한다. 전자문서로 신고하는 자는 **(인증서)**를 통한 신분확인에 따른다.

⑤ **(부동산거래계약)**시스템을 통하여 부동산 거래계약을 체결한 경우**(전자계약)**에는 부동산 거래계약이 체결된 때에 부동산거래계약 신고서를 제출한 것으로 본다. **(부동산거래계약)**시스템을 통하여 해제 등을 한 경우에는 해제 등이 이루어진 때에 해제 등 신고서를 제출한 것으로 본다.

주의 전자문서 인정× ⇨ 고용관계의 종료신고, 사무소 (이전)신고, 휴업·(폐업)신고 부동산거래신고에서 (대행)하는 경우 부동산거래신고에서 (거부)한 경우

4 신고필증 발급

① 부동산거래신고를 받은 신고관청은 (   )(7일 이내×, 즉시×) 신고필증을 발급하여야
한다.

② 부동산거래신고필증을 발급받으면 (   )을 받은 것으로 본다(=   의제).

5 신고절차

① 개업공인중개사가 (   )를 작성·교부한 경우(= 중개거래인 경우)

공동중개 시 (   )신고

┌── 개업공인중개사가 신고 : 부동산거래계약신고서에 서명 (   ) 날인하여 제출하여야 한다.
│   거래당사자의 서명 또는 날인은 (   )
│
└── 신고의 대행 : (   )가 대행할 수 있다. 중개보조원은 대행(   )
   소속공인중개사는 개업공인중개사가 서명 또는 날인을 해 준 신고서를 대신 제출한다.
   위임장은 제출(   )

② 거래당사자 간의 직접 거래인 경우

┌── 거래당사자 공동신고 : 신고서에 (   )으로 서명 또는 날인하여 제출하여야 한다.
│   [OX] 공동으로 제출하여야 한다.(   )
│   일방에 국가 등이 있는 경우 : (   )이 신고서에 (   )으로 서명 또는 날인하여 제출하여야
│   한다.
│   일방이 공동신고를 거부해서 타방이 단독으로 신고하는 경우 : 신고서에 (   )으로 서명
│   또는 날인하여 제출하여야 한다. **단독신고(   )와 (   ) 사본**을 첨부하여야 한다.
│   **(공동중개 시 거부도 동일)** 신고관청은 단독신고사유에 해당여부를 확인하여야 한다.
└── 신고의 대행 : 거래당사자의 위임을 받은 자가 대행할 수 있다.
   위임장을 제출(   ) ⇨ 개인은 신분증명서 사본과 위임장(위임한 자가 서명 또는 날인)
               법인은 위임장(을 날인)

③ 전자문서에 의한 신고(업무의 전자적 처리) : 대행하는 경우(   ), 신고를 거부한 경우(   )

④ 신분확인 : 부동산거래신고를 하려는 자는 신분증명서(**여권**   )를 신고관청에게 보여
주어야 한다. 전자문서로 신고하는 자는 (   )를 통한 신분확인에 따른다.

⑤ (   )시스템을 통하여 부동산 거래계약을 체결한 경우(**계약**)에는 부동산
거래계약이 체결된 때에 부동산거래계약 신고서를 제출한 것으로 본다.
(   )시스템을 통하여 해제 등을 한 경우에는 해제 등이 이루어진 때에 해제
등 신고서를 제출한 것으로 본다.

주의 전자문서 인정× ⇨ 고용관계의 종료신고, 사무소 (   )신고, 휴업·(   )신고
              부동산거래신고에서 (   )하는 경우
              부동산거래신고에서 (   )한 경우

6 법인 신고서를 제출하는 경우(= 법인의 현황이 신고사항인 경우)

> ■ 제출하는지 여부
> 1. 개인 간의 주택매매(×)
> 2. 법인이 주택 매도인(○)
> 3. 법인이 주택 매수인(○)
> 4. 법인이 토지(상가) 매도인 또는 매수인(×)

① **법인 제출 원칙** : 신고서를 제출할 때 **법인 신고서**를 신고관청에 **(함께) 제출**해야 한다(계약 체결일부터 30일 이내).

　법인 신고서에 법인의 (등기)현황, 임원과 상대방이 (친족)관계인지를 기재한다.

② **법인 제출 예외** : 법인이 분리하여 제출하기를 희망하는 경우 법인은 법인 신고서를 계약 체결일부터 (30)일 이내에 (별도)로 제출할 수 있다.

③ **법인 외의 자가 제출** : 법인이 법인 외의 자에게 계약체결일부터 (25)일 이내에 법인 신고서를 제공해야 하며, 이 기간 내에 제공하지 않으면 법인이 (별도)로 제출해야 한다.

주의

법인 신고서는 (법인)만 작성하고, (법인)만 서명 또는 날인을 한다.

7 자금조달 및 입주계획서를 제출하는 경우(= 자금조달계획, 주택의 이용계획이 신고사항 인 경우)

> ■ 제출하는지 여부
> 1. 법인이 주택 매수인(○)
> 2. 개인이 투기과열지구 내의 주택 매수인(○)
> 3. 개인이 조정대상지역 내의 주택 매수인(○)
> 4. 개인이 비규제지역에서 실제 거래가격이 (6)억원 이상인 주택 매수인○
> 5. 개인이 비규제지역에서 실제 거래가격이 (6)억원 미만인 주택 매수인×

① **매수인 제출 원칙** : 신고서를 제출할 때 자금조달 및 입주계획서를 신고관청에 **(함께) 제출하여야 한다**(계약체결일부터 30일 이내).

② **매수인 제출 예외** : 매수인이 자금조달 및 입주계획서를 신고서와 분리하여 제출하기를 희망하는 경우 매수인은 자금조달 및 입주계획서를 계약체결일부터 (30)일 이내에 (별도)로 제출할 수 있다.

③ **매수인 이외의 자가 제출** : 부동산거래계약을 신고하려는 자 중 매수인 외의 자가 자금조달 및 입주계획서를 제출하는 경우 매수인은 부동산거래계약을 신고하려는 자에게 거래계약의 체결일부터 (25)일 이내에 자금조달 및 입주계획서를 제공하여야 하며, 이 기간 내에 제공하지 아니한 경우에는 매수인이 (별도)로 자금조달 및 입주계획서를 제출하여야 한다.

주의

① 자금조달 및 입주계획서는 (매수인)만 작성하고, (매수인)만 서명 또는 날인을 한다.
② 투기과열지구 내에 소재하는 주택 ⇨ 자금조달 및 입주계획서에 (자금조달계획)을 증명하는 서류를 첨부하여 제출해야 한다. ⑩ 금융기관으로 대출받았으면 금융거래확인서

6 법인 신고서를 제출하는 경우(= 법인의 현황이 신고사항인 경우)

> ■ 제출하는지 여부
> 1. 개인 간의 주택매매( )
> 2. 법인이 주택 매도인( )
> 3. 법인이 주택 매수인( )
> 4. 법인이 토지(상가) 매도인 또는 매수인( )

① **법인 제출 원칙** : 신고서를 제출할 때 **법인 신고서**를 신고관청에 ( ) **제출**해야 한다(계약체결일부터 30일 이내).

　법인 신고서에 법인의 ( )현황, 임원과 상대방이 ( )관계인지를 기재한다.

② **법인 제출 예외** : 법인이 분리하여 제출하기를 희망하는 경우 법인은 법인 신고서를 계약체결일부터 ( )일 이내에 ( )로 **제출할 수 있다.**

③ **법인 외의 자가 제출** : 법인이 법인 외의 자에게 계약체결일부터 ( )일 이내에 법인 신고서를 제공해야 하며, 이 기간 내에 제공하지 않으면 법인이 ( )로 제출해야 한다.

주의

법인 신고서는 ( )만 작성하고, ( )만 서명 또는 날인을 한다.

7 자금조달 및 입주계획서를 제출하는 경우(= 자금조달계획, 주택의 이용계획이 신고사항인 경우)

> ■ 제출하는지 여부
> 1. 법인이 주택 매수인( )
> 2. 개인이 투기과열지구 내의 주택 매수인( )
> 3. 개인이 조정대상지역 내의 주택 매수인( )
> 4. 개인이 비규제지역에서 실제 거래가격이 ( )억원 이상인 주택 매수인○
> 5. 개인이 비규제지역에서 실제 거래가격이 ( )억원 미만인 주택 매수인×

① **매수인 제출 원칙** : 신고서를 제출할 때 자금조달 및 입주계획서를 신고관청에 ( ) **제출하여야 한다**(계약체결일부터 30일 이내).

② **매수인 제출 예외** : 매수인이 자금조달 및 입주계획서를 신고서와 분리하여 제출하기를 희망하는 경우 매수인은 자금조달 및 입주계획서를 계약체결일부터 ( )일 이내에 ( )로 **제출할 수 있다.**

③ **매수인 이외의 자가 제출** : 부동산거래계약을 신고하려는 자 중 매수인 외의 자가 자금조달 및 입주계획서를 제출하는 경우 매수인은 부동산거래계약을 신고하려는 자에게 거래계약의 체결일부터 ( )일 이내에 자금조달 및 입주계획서를 제공하여야 하며, 이 기간 내에 제공하지 아니한 경우에는 매수인이 ( )로 자금조달 및 입주계획서를 제출하여야 한다.

주의

① 자금조달 및 입주계획서는 ( )만 작성하고, ( )만 서명 또는 날인을 한다.

② 투기과열지구 내에 소재하는 주택 ⇨ 자금조달 및 입주계획서에 ( )을 증명하는 서류를 첨부하여 제출해야 한다. ⑩ 금융기관으로 대출받았으면 금융거래확인서

8. 자금조달 및 토지이용계획서를 제출하는 경우(= 자금조달계획, 토지이용계획이 신고사항인 경우)

- ■ 제출하는지 여부 주의 수도권 등 = 수도권, 광역시, 세종특별자치시
  1. **수도권 등에 소재하는 실제 거래가격이 (1)억원 이상인 토지를 매수하는 경우**(지분 매수는 제외)
  2. **수도권 등에 소재하는 토지를 지분으로 매수하는 경우** ⇨ 금액 (상관)없음
  3. 수도권 등 외의 지역에 소재하는 실제 거래가격이 (6)억원 이상인 토지를 매수하는 경우(지분 매수는 제외)
  4. 수도권 등 외의 지역에 실제 거래가격이 (6)억원 이상인 토지를 지분으로 매수하는 경우

① **매수인 제출 원칙** : 신고서를 제출할 때 자금조달 및 토지이용계획서를 신고관청에 (함께) 제출해야 한다.

② **매수인 제출 예외** : 매수인이 분리하여 제출하기를 희망하는 경우 매수인은 자금조달 및 토지이용계획서를 계약체결일부터 (30)일 이내에 (별도)로 제출할 수 있다.

③ **매수인 외의 자가 제출** : 매수인이 신고하려는 자(매수인 이외의 자)에게 계약체결일부터 (25)일 이내에 자금조달 및 토지이용계획서를 제공해야 하며, 이 기간 내에 제공하지 않으면 매수인이 (별도)로 제출해야 한다.

주의 자금조달 및 토지이용계획서는 (매수인)만 작성하고, (매수인)만 서명 또는 날인을 한다.

- ■ **국가 등의 제출여부**
  ① 법인 신고서 : 국가 등이 매도인인 경우 제출(×)
  　　　　　　　국가 등이 매수인인 경우 제출(×)
  ② 자금조달 및 입주계획서 : 국가 등이 매도인인 경우 제출(○)
  　　　　　　　　　　　국가 등이 매수인인 경우 제출(×)
  ③ 자금조달 및 토지이용계획서 : 국가 등이 매도인인 경우 제출(○)
  　　　　　　　　　　　　　국가 등이 매수인인 경우 제출(×)

9. 부동산거래계약 해제 등 신고

① 신고 후 매매계약이 무효 또는 취소·해제된 경우에는 **거래당사자는** 해제 등이 확정된 날부터 (30)일 이내에 (공동)으로 **해제 등 신고를 하여야 한다.** ⇨ 거래당사자는 해제 등 신고 의무(○)

② **개업공인중개사는** 해제 등 신고를 할 수 있지만, **해제 등 신고의무(×)**

③ 일방이 국가 등인 경우 국가 등이 단독으로 서명 또는 날인하여 해제 등 신고서를 제출할 수 있다.

④ 일방이 거부해서 단독으로 해제 등을 신고하려는 자는 단독으로 서명 또는 날인한 해제 등 신고서 + 단독신고사유서 + **확정된 법원의 판결문 등 (해제 등이 확정된 사실)을 입증할 수 있는 서류**를 제출해야 한다.

- ■ **거부 시 제출 서류**
  ① 부동산거래신고 거부 시 : 신고서 + 단독신고사유서 + (거래계약서) 사본
  ② 해제 등 신고 거부 시 : 신고서 + 단독신고사유서 + 확정된 법원의 판결문 등 해제 등이 확정된 사실을 입증할 수 있는 서류

8 자금조달 및 토지이용계획서를 제출하는 경우(= 자금조달계획, 토지이용계획이 신고사항 인 경우)

■ **제출하는지 여부** ^{주의} 수도권 등 = 수도권, 광역시, 세종특별자치시
1. **수도권 등에 소재하는 실제 거래가격이 ( )억원 이상인 토지를 매수하는 경우**(지분 매수는 제외)
2. **수도권 등에 소재하는 토지를 지분으로 매수하는 경우 ⇨ 금액 ( )없음**
3. 수도권 등 외의 지역에 소재하는 실제 거래가격이 ( )억원 이상인 토지를 매수하는 경우(지분 매수는 제외)
4. 수도권 등 외의 지역에 실제 거래가격이 ( )억원 이상인 토지를 지분으로 매수하는 경우

---

① **매수인 제출 원칙** : 신고서를 제출할 때 자금조달 및 토지이용계획서를 신고관청에 ( ) **제출 해야 한다.**
② **매수인 제출 예외** : 매수인이 분리하여 제출하기를 희망하는 경우 매수인은 자금조달 및 토지 이용계획서를 계약체결일부터 ( )일 이내에 ( )로 제출할 수 있다.
③ **매수인 외의 자가 제출** : 매수인이 신고하려는 자(매수인 이외의 자)에게 계약체결일부터 ( )일 이내에 자금조달 및 토지이용계획서를 제공해야 하며, 이 기간 내에 제공하지 않으면 매수인이 ( )로 제출해야 한다.

^{주의} 자금조달 및 토지이용계획서는 (   )만 작성하고, (   )만 서명 또는 날인을 한다.

■ **국가 등의 제출여부**
① 법인 신고서 : 국가 등이 매도인인 경우 제출( )
　　　　　　　　　 국가 등이 매수인인 경우 제출( )
② 자금조달 및 입주계획서 : 국가 등이 매도인인 경우 제출( )
　　　　　　　　　　　　　 국가 등이 매수인인 경우 제출( )
③ 자금조달 및 토지이용계획서 : 국가 등이 매도인인 경우 제출( )
　　　　　　　　　　　　　　　 국가 등이 매수인인 경우 제출( )

---

9 부동산거래계약 해제 등 신고

① 신고 후 매매계약이 무효 또는 취소·해제된 경우에는 **거래당사자는** 해제 등이 확정된 날부터 ( )일 이내에 ( )으로 **해제 등 신고를 하여야 한다.** ⇨ **거래당사자는 해제 등 신고 의무( )**
② **개업공인중개사는** 해제 등 신고를 할 수 있지만, **해제 등 신고의무( )**
③ 일방이 국가 등인 경우 국가 등이 단독으로 서명 또는 날인하여 해제 등 신고서를 제출 할 수 있다.
④ 일방이 거부해서 단독으로 해제 등을 신고하려는 자는 단독으로 서명 또는 날인한 해제 등 신고서 + 단독신고사유서 + **확정된 법원의 판결문 등 (　　　　　　　)을 입증할 수 있는 서류**를 제출해야 한다.

■ **거부 시 제출 서류**
① 부동산거래신고 거부 시 : 신고서 + 단독신고사유서 + (　　　　　) 사본
② 해제 등 신고 거부 시 : 신고서 + 단독신고사유서 + 확정된 법원의 판결문 등 해제 등이
　　　　　　　　　　　　　　　　　　　확정된 사실을 입증할 수 있는 서류

10 정정신청과 변경신고의 비교

구분	정정신청	변경신고
하는 경우	잘못 **(기재)**된 경우 (공무원이 잘못 기재)	**(변경)**된 경우 (매도인과 매수인이 계약 내용을 바꿈)
사례	거래지분 비율이 잘못 기재된 경우 ⇨ **(정정신청)** 면적이 잘못 기재된 경우 ⇨ **(정정신청)**	거래지분 비율이 변경된 경우 ⇨ **(변경신고)** 면적이 변경된 경우 ⇨ **(변경신고)**
하지 않는 경우	**(부동산)** 소재지, 거래**금**액(거래가격), 계약**일(日)**은 정정신청대상(×) ★ 소금은 해(日)가 중요하다. 거래당사자의 **(성명)**, 생년월일은 정정신청× ⇨ 중요한 거니까 but 주소는 정정신청대상(○)	매수인(부동산)의 추가, 교체는 변경신고대상(×) but **'제외'**는 변경신고대상(○) ㉔ 매수인 A, B에서 매수인 A로 된 경우 변경신고대상이다.
일방이 단독으로 할 수 있는 경우	거래당사자의 주소, **(전화)**번호 또는 **(휴대번화)**번호 ⇨ 일방이 **(단독)**으로 정정신청○	분양가격 및 선택품목(옵션) ⇨ 일방이 **(단독)**으로 변경신고○
의무인지 여부	거래당사자와 개업공인중개사 모두 의무(×)	거래당사자와 개업공인중개사 모두 의무(×)
하는 방법	**(신고필증)**에 정정사항을 표시하여 서명 또는 날인을 한 후 신고관청에 제출하여야 한다(정정신청서×).	**(변경신고서)**에 서명 또는 날인하여 신고관청에 제출하여야 한다.

11 제재

① 신고내용의 조사 관련〔국토교통부장관도 신고내용의 조사 가능(○)〕

    — 거래대금지급증명자료 : **(3천)**만원 이하의 과태료

    — 거래대금지급증명자료 **외의** 자료 : **(500)**만원 이하의 과태료

② 거짓신고 관련

    — 거짓신고를 요구, 조장, 방조를 한 자 : **(500)**만원 이하의 과태료

    — 거짓신고를 한 자(누구든지) : 취득가액의 **(100분의 10)** 이하에 상당하는 금액의 과태료

    — 계약을 체결하지 아니하였음에도 불구하고 거짓신고, 해제 등이 되지 아니하였음에도 불구하고 거짓신고 : **(3천)**만원 이하의 과태료

10 정정신청과 변경신고의 비교

구분	정정신청	변경신고
하는 경우	잘못 (　　)된 경우 (공무원이 잘못 기재)	(　　)된 경우 (매도인과 매수인이 계약 내용을 바꿈)
사례	거래지분 비율이 잘못 기재된 경우 ⇨ (　　　　) 면적이 잘못 기재된 경우 ⇨ (　　　　)	거래지분 비율이 변경된 경우 ⇨ (　　　　) 면적이 변경된 경우 ⇨ (　　　　)
하지 않는 경우	(　　) 소재지, 거래금액(거래가격), 계약일(日)은 정정신청대상(×) ★ 소금은 해(日)가 중요하다. 거래당사자의 (　　), 생년월일은 정정신청× ⇨ 중요한 거니까 but 주소는 정정신청대상(　　)	매수인(부동산)의 추가, 교체는 변경신고대상(　　) but '제외'는 변경신고대상(　　) ㉠ 매수인 A, B에서 매수인 A로 된 경우 변경신고대상이다.
일방이 단독으로 할 수 있는 경우	거래당사자의 주소, (　　)번호 또는 (　　　　)번호 ⇨ 일방이 (　　)으로 정정신청○	분양가격 및 선택품목(옵션) ⇨ 일방이 (　　)으로 변경신고○
의무인지 여부	거래당사자와 개업공인중개사 모두 의무(　　)	거래당사자와 개업공인중개사 모두 의무(　　)
하는 방법	(　　　　)에 정정사항을 표시하여 서명 또는 날인을 한 후 신고관청에 제출하여야 한다(정정신청서×).	(　　　　)에 서명 또는 날인하여 신고관청에 제출하여야 한다.

11 제재

① 신고내용의 조사 관련[국토교통부장관도 신고내용의 조사 가능(　　)]

  ── 거래대금지급증명자료 : (　　)만원 이하의 과태료

  ── 거래대금지급증명자료 **외의** 자료 : (　　)만원 이하의 과태료

② 거짓신고 관련

  ── 거짓신고를 요구, 조장, 방조를 한 자 : (　　)만원 이하의 과태료

  ── 거짓신고를 한 자(누구든지) : 취득가액의 (　　　　　) 이하에 상당하는 금액의 과태료

  ── 계약을 체결하지 아니하였음에도 불구하고 거짓신고, 해제 등이 되지 아니하였음에도 불구하고 거짓신고 : (　　)만원 이하의 과태료

③ 부동산거래신고를 하지 아니하거나 공동신고를 거부한 자[거래당사자(○), 개업공인중개사(○)]
해제 등 신고를 하지 아니하거나 공동신고를 거부한 자[**거래당사자(○), 개업공인중개사(×)**]
(예 30일 이내에 부동산거래신고 또는 해제 등 신고를 하지 않은 것) : (500)만원 이하의
과태료

④ **(3)년-(3)천 : 부당하게 재물이나 재산상 이득을 취득하거나 제3자로 하여금 이를 취득하게
할 목적으로**(= 부당이득의 목적으로) 계약을 체결하지 아니하였음에도 불구하고 거짓신고를
한 자 또는 해제 등이 되지 아니하였음에도 불구하고 거짓신고를 한 자[but 부당이득의
목적이 없으면 **(3천)**만원 이하의 과태료]

12 '자진 신고'라는 말이 보이면 감면(감경 또는 면제)
① 조사 **전에** 자진 신고한 자 : 과태료 **(면제)**
② 조사가 **시작된 후** 자진 신고한 자 : 부과되는 과태료의 100분의 **(50)** 감경
③ **외삼촌**(외의 자료, 3천만원)은 자진 신고를 해도 감면대상(×)

but '자진 신고'라는 말이 안 보이면 가중 또는 감경
① **(2)**분의 1 범위 안에서 가중 또는 감경할 수 있는 것이 원칙이다.
② 3천만원 이하의 과태료, 취득가액 100분의 10 이하의 과태료는 **(5)**분의 1 범위 안에서
가중 또는 감경할 수 있다.

> 주의
>
> 가중할 때도 상한선을 넘지 못한다.
> 예 500만원 이하의 과태료는 **(500)**만원을 넘지 못한다.

13 부동산거래계약신고서 작성방법
① 물건**별** 거래가격란에는 2 이상의 부동산일 때는 **(각각)**의 부동산별 거래가격을 적는다.
but **총** 실제 거래가격란에는 전체 거래가격 2 이상의 부동산일 때는 **(합계)**금액]을 적는다.
② 집합건축물은 **(전용)**면적을 적고(ㅈ-ㅈ), 그 밖의 건축물은 **(연)**면적을 적는다.
③ **외국인의 경우 (국적)**을 반드시 적고, 부동산 등의 **(매수용도)**를 표시한다.
④ 거래당사자가 다수일 때 **(주소)**란에 지분비율을 적는다.
⑤ 부동산 매매계약은 부가가치세 **(제외)**한 금액, 부동산 공급계약과 전매(분양권, 입주권)
는 부가가치세 **(포함)**한 금액으로 신고한다.
⑥ 부동산 공급계약, 전매(분양권, 입주권)의 경우 발코니 등 선택**(비용)** 및 추가**(지급액)**을
적는다.
⑦ 종전 부동산란은 **(입주권)** 매매의 경우에만 작성한다.
⑧ 거래대상 부동산의 종류가 건축물인 경우에는 「건축법시행령」에 따른 **(용도)**별 건축물의
종류를 적는다.
⑨ 임대주택 분양전환은 임대주택사업자**(법인으로 한정)**가 임대기한이 완료되어 분양전환
하는 주택인 경우에 ✓ 표시한다.

③ 부동산거래신고를 하지 아니하거나 공동신고를 거부한 자[거래당사자( ), 개업공인중개사( )]
  해제 등 신고를 하지 아니하거나 공동신고를 거부한 자[**거래당사자( ), 개업공인중개사( )**]
  (㉠ 30일 이내에 부동산거래신고 또는 해제 등 신고를 하지 않은 것) : (   )만원 이하의
  과태료

④ ( )년-( )천 : **부당하게 재물이나 재산상 이득을 취득하거나 제3자로 하여금 이를 취득하게
  할 목적으로(=   목적으로)** 계약을 체결하지 아니하였음에도 불구하고 거짓신고를
  한 자 또는 해제 등이 되지 아니하였음에도 불구하고 거짓신고를 한 자[but 부당이득의
  목적이 없으면 (   )만원 이하의 과태료]

12 '자진 신고'라는 말이 보이면 감면(감경 또는 면제)
① 조사 **전에** 자진 신고한 자 : 과태료 (   )
② 조사가 **시작된 후** 자진 신고한 자 : 부과되는 과태료의 100분의 (   ) 감경
③ **외삼촌(외**의 자료, **3천**만원)은 자진 신고를 해도 감면대상(   )

but '자진 신고'라는 말이 안 보이면 가중 또는 감경
① (   )분의 1 범위 안에서 가중 또는 감경할 수 있는 것이 원칙이다.
② 3천만원 이하의 과태료, 취득가액 100분의 10 이하의 과태료는 (   )분의 1 범위 안에서
  가중 또는 감경할 수 있다.

주의
가중할 때도 상한선을 넘지 못한다.
㉠ 500만원 이하의 과태료는 (   )만원을 넘지 못한다.

13 부동산거래계약신고서 작성방법
① 물건**별** 거래가격란에는 2 이상의 부동산일 때는 (   )의 부동산별 거래가격을 적는다.
  but **총** 실제 거래가격란에는 전체 거래가격 2 이상의 부동산일 때는 (   )금액]을 적는다.
② 집합건축물은 (   )면적을 적고(ㅈ-ㅈ), 그 밖의 건축물은 (   )면적을 적는다.
③ **외국인의 경우** (   )을 반드시 적고, 부동산 등의 (   )를 표시한다.
④ 거래당사자가 다수일 때 (   )란에 지분비율을 적는다.
⑤ 부동산 매매계약은 부가가치세 (   )한 금액, 부동산 공급계약과 전매(분양권, 입주권)
  는 부가가치세 (   )한 금액으로 신고한다.
⑥ 부동산 공급계약, 전매(분양권, 입주권)의 경우 발코니 등 선택(   ) 및 추가(   )을
  적는다.
⑦ 종전 부동산란은 (   ) 매매의 경우에만 작성한다.
⑧ 거래대상 부동산의 종류가 건축물인 경우에는 「건축법시행령」에 따른 (   )별 건축물의
  종류를 적는다.
⑨ 임대주택 분양전환은 임대주택사업자(**으로 한정**)가 임대기한이 완료되어 분양전환
  하는 주택인 경우에 ✓ 표시한다.

⑩ '거래계약의 체결일'이란 거래당사자가 구체적으로 특정되고, 거래계약의 **(중요부분)**에 대하여 거래당사자가 합의한 날을 말한다. 이 경우 합의와 더불어 **(계약금)**의 전부 또는 일부를 지급한 경우에는 그 지급일을 거래계약의 체결일로 보되, **합의한 날이 계약금의 전부 또는 일부를 지급한 날보다 앞서는 것이 (서면) 등을 통해 인정되는 경우에는 합의한 날을 거래계약의 체결일로 본다.**

⑪ 매수인이 국내에 주소 또는 거소가 없는 경우에는 **(위탁관리인)**의 인적 사항을 적는다.

주택임대차신고

1. 신고대상

① 보증금 6천만원 초과 **(또는)** 월차임 30만원을 초과하는 주택(주임법상 주택을 말하며, 주택을 취득할 수 있는 권리를 포함한다) 임대차 계약을 체결한 경우 but **계약을 (갱신)하는 경우로서 보증금 및 차임의 (증감) 없이 임대차 기간만 연장하는 계약은 제외**한다.

② 신고지역 : 특별자치시·특별자치도·시·군〔광역시 및 **(경기)**도의 군으로 한정〕·구**(자치구)**

> `ox` 시는 경기도의 시로 한정한다.**(×)**
> 군은 광역시의 군으로 한정한다.**(×)**
> 구는 비자치구를 말한다.**(×)**

2. 신고사항

① 보증금 또는 차임 등 국토교통부령으로 정하는 사항
② 계약갱신요구권의 행사 여부〔계약을 **(갱신)**한 경우에만 신고사항에 해당한다.〕
③ 개업공인중개사 관련 사항은 신고사항**(○)** but 개업공인중개사는 신고의무**(×)**

3. 신고기한 & 의무자

① 임대차 계약의 체결일부터 **(30)**일 이내에 주택 소재지를 관할하는 신고관청에 임대차계약 당사자가 **(공동)**으로 신고하여야 한다. 다만, 임대차계약 당사자 중 일방이 국가 등인 경우에는 **(국가 등)**이 신고하여야 한다.
② 임대차계약 당사자 중 일방이 신고를 거부하는 경우에는 **(단독)**으로 신고할 수 있다.

4. 신고 의제

① 임차인이 「주민등록법」에 따라 **(전입)**신고를 하는 경우 이 법에 따른 주택 임대차 계약의 신고를 한 것으로 본다. ⇨ **(전입)**신고하면 신고의제
② 부동산거래계약시스템을 통해 주택 임대차 계약을 체결한 경우에는 임대차계약당사자가 공동으로 임대차 신고서를 제출한 것으로 본다. ⇨ **(전자)**계약 체결하면 공동 신고의제
③ 임대차계약당사자 일방 또는 임대차계약당사자의 위임을 받은 사람이 신고사항이 모두 적혀 있고 임대차계약 당사자의 서명이나 날인이 되어 있는 주택 임대차 **(계약서)**를 신고 관청에 제출하면 임대차계약 당사자가 공동으로 임대차 신고서를 제출한 것으로 본다.
④ 임대차계약서를 제출하면서 주택 임대차 계약의 신고를 하면 **(확정일자)**부여 의제

⑩ '거래계약의 체결일'이란 거래당사자가 구체적으로 특정되고, 거래계약의 (   )에 대하여 거래당사자가 합의한 날을 말한다. 이 경우 합의와 더불어 (   )의 전부 또는 일부를 지급한 경우에는 그 지급일을 거래계약의 체결일로 보되, **합의한 날이 계약금의 전부 또는 일부를 지급한 날보다 앞서는 것이 (   ) 등을 통해 인정되는 경우에는 합의한 날을 거래계약의 체결일로 본다.**

⑪ 매수인이 국내에 주소 또는 거소가 없는 경우에는 (   )의 인적 사항을 적는다.

주택임대차신고

1 신고대상

① 보증금 6천만원 초과 (   ) 월차임 30만원을 초과하는 주택(주임법상 주택을 말하며, 주택을 취득할 수 있는 권리를 포함한다) 임대차 계약을 체결한 경우 but **계약을 (   ) 하는 경우**로서 보증금 및 차임의 (   ) 없이 임대차 **기간만 연장하는 계약은 제외**한다.

② 신고지역 : 특별자치시·특별자치도·시·군〔광역시 및 (   )도의 군으로 한정〕·구(   )

  ox 시는 경기도의 시로 한정한다.(   )
  　 군은 광역시의 군으로 한정한다.(   )
  　 구는 비자치구를 말한다.(   )

2 신고사항

① 보증금 또는 차임 등 국토교통부령으로 정하는 사항
② 계약갱신요구권의 행사 여부〔계약을 (   )한 경우에만 신고사항에 해당한다.〕
③ 개업공인중개사 관련 사항은 신고사항(   ) but 개업공인중개사는 신고의무(   )

3 신고기한 & 의무자

① 임대차 계약의 체결일부터 (   )일 이내에 주택 소재지를 관할하는 신고관청에 임대차계약 당사자가 (   )으로 신고하여야 한다. 다만, 임대차계약 당사자 중 일방이 국가 등인 경우에는 (   )이 신고하여야 한다.

② 임대차계약 당사자 중 일방이 신고를 거부하는 경우에는 (   )으로 신고할 수 있다.

4 신고 의제

① 임차인이 「주민등록법」에 따라 (   )신고를 하는 경우 이 법에 따른 주택 임대차 계약의 신고를 한 것으로 본다. ⇨ (   )신고하면 신고의제

② 부동산거래계약시스템을 통해 주택 임대차 계약을 체결한 경우에는 임대차계약당사자가 공동으로 임대차 신고서를 제출한 것으로 본다. ⇨ (   )계약 체결하면 공동 신고의제

③ 임대차계약당사자 일방 또는 임대차계약당사자의 위임을 받은 사람이 신고사항이 모두 적혀 있고 임대차계약 당사자의 서명이나 날인이 되어 있는 주택 임대차 (   )를 신고 관청에 제출하면 임대차계약 당사자가 공동으로 임대차 신고서를 제출한 것으로 본다.

④ 임대차계약서를 제출하면서 주택 임대차 계약의 신고를 하면 (   )부여 의제

5 제재

주택 임대차계약의 신고, 변경 및 해제신고를 하지 아니하거나(공동신고를 거부한 자를 포함한다) 그 신고를 거짓으로 한 자에게는 **(100)**만원 이하의 과태료를 부과한다.

★ 주임백

6 거래당사자의 주택임대차신고 vs 부동산거래신고

구분	중개 거래	읍·면·동장	변경 신고	해제 등 신고	정정 신청	과태료
주택임대차 신고	개업공인중개사 의무(×)	(有)	의무(○)	의무(○)	의무(×)	500만원부터
부동산 거래신고	개업공인중개사 의무(○)	(無)	의무(×)	의무(○)	의무(×)	(100)만원

외국인 취득특례

1 적용범위

① 외국인

　㉠ 한국국적 **(無)** ⇨ 외국인 but 이중국적자는 외국인(×)

　㉡ 외국법령에 따라 설립된 법인 ⇨ 외국인, 외국정부 ⇨ 외국인, 국제기구 ⇨ 외국인

　㉢ 임원의 **(2분의 1)** 이상이 외국인인 법인 ⇨ 외국인

　　구성원의 **(2분의 1)** 이상이 외국인인 법인 ⇨ 외국인

　　자본금의 **(2분의 1)** 이상이 외국자본인 법인 ⇨ 외국인

② 외국인이 부동산 등의 **(소유권)**을 취득하는 경우만 적용된다.

　`OX` 지상권(×), 임차권(×), 토지처분(×)

③ 부동산 등의 소유권을 취득하는 방법은 두 가지가 있다. 첫째는 계약(예 **교환, 증여)**으로 취득하는 것이고, 둘째는 계약이 아닌 것(예 계약 외, 계속보유신고)으로 취득하는 것이다.

2 계약(부동산거래신고대상인 계약은 제외) 예 (교환, 증여)

(계약체결일)부터 **(60)**일 이내에 부동산 등 소재지의 시장·군수 또는 구청장(이하 "신고관청")에게 신고하여야 한다. ⇨ 위반 시 **(300)**만원 이하의 과태료(벌금형×) ★ M60 300만원

`주의`

외국인이 매매계약, 공급계약을 체결한 경우 (30)일 이내에 부동산거래신고

= 외국인이 부동산거래신고대상인 계약을 체결한 경우 (30)일 이내에 부동산거래신고

3 계약 외 예 경매, 상속, 합병, 판결, 건축물의 **(신)**축·**(증)**축·개축·재축, 환매권 행사

부동산 등의 소유권을 취득한 날부터 **(6)**개월 이내에 신고관청에게 신고하여야 한다.

　⇨ 위반 시 **(100)**만원 이하의 과태료(벌금형×) ★ 6월 외 백~!

5 제재

주택 **임**대차계약의 신고, 변경 및 해제신고를 하지 아니하거나(공동신고를 거부한 자를 포함한다) 그 신고를 거짓으로 한 자에게는 (   )만원 이하의 과태료를 부과한다.

★ 주임백

6 거래당사자의 주택임대차신고 vs 부동산거래신고

구분	중개거래	읍·면·동장	변경신고	해제 등 신고	정정신청	과태료
주택임대차신고	개업공인중개사 의무( )	( )	의무( )	의무( )	의무( )	500만원부터
부동산거래신고	개업공인중개사 의무( )	( )	의무( )	의무( )	의무( )	( )만원

외국인 취득특례

1 적용범위

① 외국인

　㉠ 한국국적 (   ) ⇨ 외국인 but 이중국적자는 외국인(   )

　㉡ 외국법령에 따라 설립된 법인 ⇨ 외국인, 외국정부 ⇨ 외국인, 국제기구 ⇨ 외국인

　㉢ 임원의 (   ) 이상이 외국인인 법인 ⇨ 외국인

　　구성원의 (   ) 이상이 외국인인 법인 ⇨ 외국인

　　자본금의 (   ) 이상이 외국자본인 법인 ⇨ 외국인

② 외국인이 부동산 등의 (   )을 취득하는 경우만 적용된다.

　ox 지상권(   ), 임차권(   ), 토지처분(   )

③ 부동산 등의 소유권을 취득하는 방법은 두 가지가 있다. 첫째는 계약(예   )으로 취득하는 것이고, 둘째는 계약이 아닌 것(예 계약 외, 계속보유신고)으로 취득하는 것이다.

2 계약(부동산거래신고대상인 계약은 제외) 예 (   )

(   )부터 (   )일 이내에 부동산 등 소재지의 시장·군수 또는 구청장(이하 "신고관청")에게 신고하여야 한다. ⇨ 위반 시 (   )만원 이하의 과태료(벌금형×) ★ M60 300만원

주의

외국인이 매매계약, 공급계약을 체결한 경우 (   )일 이내에 부동산거래신고

= 외국인이 부동산거래신고대상인 계약을 체결한 경우 (   )일 이내에 부동산거래신고

3 계약 외 예 경매, 상속, 합병, 판결, 건축물의 (   )축·(   )축·개축·재축, 환매권 행사

부동산 등의 소유권을 취득한 날부터 (   )개월 이내에 신고관청에게 신고하여야 한다.

⇨ 위반 시 (   )만원 이하의 과태료(벌금형×) ★ 6월 외 백~!

4 계속보유신고

외국인으로 변경된 날(한국국적을 **(상실)**한 날)부터 **(6)**개월 이내에 신고관청에게 신고하여야 한다. ⇨ 위반 시 **(100)**만원 이하의 과태료(벌금형×) ★ 6월 외 백~!

5 사전허가(이 경우는 토지만)

① 허가를 받아야 하는 구역·지역(예 **야**생생물특별보호구역, **생**태경관보전지역, 문화유산**보호**구역, 자연유산**보호**구역, 천연기념물**보호**구역, **군**사기지 및 군사시설보호구역)안의 **(토지)**를 계약으로 취득 : 계약을 체결하기 **(전)**에 **(신고관청)**의 허가를 받아야 한다(사전 허가).

　　⇨ 위반 시 **(2)**년-**(2)**천, 허가를 받지 않은 계약은 **(확정적)** 무효

② 외국인이 토지거래허가를 받았다면 외국인 특례상 취득허가는 **(불필요)**

③ 허가 또는 불허가 처리기간 : **야생보호** ⇨ **(15)**일**(연장 규정 없음)**

　　　　　　　　　　　　　　군 ⇨ **(30)**일 + **(30)**일 범위 안에서 연장 가능

6 보고와 제출

① 부동산거래신고 : 신고내용의 조사결과를 신고관청이 **(시·도지사)**에게 보고해야 하고, 시·도지사는 매월 **(1)**회 국토교통부장관에게 보고해야 한다(직접 보고×).

② 외국인 취득특례 : 신고 및 허가내용을 매 분기 종료일부터 **(1)**개월 이내에 신고관청이 시·도지사에게 제출해야 하고, 시·도지사는 제출을 받은 날부터 **(1)**개월 이내에 국토교통부장관에게 제출해야 한다(직접 제출×). but **(특별자치시장)**은 매 분기 종료일부터 1개월 이내에 국토교통부장관에게 직접 제출해야 한다. ★ 특 - 특

토지거래허가제도

1 지정절차 : **(5)**년 이내 기간을 정하여 지정할 수 있다.

(1) 지정권자

① 둘 이상 시·도에 걸쳐 있으면 ⇨ **(국토교통부장관)**, 동일 시·도 안의 일부면 ⇨ **(시·도지사)**

　　　　　　　　　　　　　　　　　　but 국가 때문에 투기가 되면 **(국토교통부장관)**

② 허가구역으로 지정될 수 있는 지역 : 계획, 행위제한이 **(완화)**, 개발, 투기 우려

③ 국토교통부장관 또는 시·도지사는 **허가대상자(외국인 등을 포함한다.)**, **허가대상 (용도)**와 **(지목)** 등을 특정하여 허가구역을 지정할 수 있다.

(2) 중앙도시계획위원회 또는 시·도도시계획위원회 심의〔심의는 **(반드시)** 거친다!〕

① 국토교통부장관 또는 시·도지사는 허가구역으로 지정하려면 **(중앙)**도시계획위원회 또는 **(시·도)**도시계획위원회의 심의를 거쳐야 한다.

② 재지정하려면 도시계획위원회 심의 **(전)**에 국토교통부장관은 **(시·도지사)** 및 시장·군수 또는 구청장의 의견을 미리 들어야 하고, 시·도지사는 시장·군수 또는 구청장의 의견을 미리 들어야 한다(**주의** 재지정을 하는 경우에만 의견청취 절차가 추가됨).

③ 축소·해제·재지정을 하는 경우에도 도시계획위원회의 **(심의)**를 거친다.

4 계속보유신고

외국인으로 변경된 날〔한국국적을 (   )한 날〕부터 (   )개월 이내에 신고관청에게 신고하여야 한다. ⇨ 위반 시 (   )만원 이하의 과태료(벌금형×) ★ 6월 외 백~!

5 사전허가(이 경우는 토지만)

① 허가를 받아야 하는 구역·지역(⑩ **야**생생물특별보호구역, **생**태경관보전지역, 문화유산**보호**구역, 자연유산**보호**구역, 천연기념물**보호**구역, **군**사기지 및 군사시설보호구역)안의 (   )를 계약으로 취득 : 계약을 체결하기 (   )에 (   )의 허가를 받아야 한다(사전 허가).

⇨ 위반 시 (   )년-(   )천, 허가를 받지 않은 계약은 (   ) 무효

② 외국인이 토지거래허가를 받았다면 외국인 특례상 취득허가는 (   )

③ 허가 또는 불허가 처리기간 : **야생보호** ⇨ (   )일(**연장 규정   **)

군 ⇨ (   )일 + (   )일 범위 안에서 연장 가능

6 보고와 제출

① 부동산거래신고 : 신고내용의 조사결과를 신고관청이 (   )에게 보고해야 하고, 시·도지사는 매월 (   )회 국토교통부장관에게 보고해야 한다(직접 보고×).

② 외국인 취득특례 : 신고 및 허가내용을 매 분기 종료일부터 (   )개월 이내에 신고관청이 시·도지사에게 제출해야 하고, 시·도지사는 제출을 받은 날부터 (   )개월 이내에 국토교통부장관에게 제출해야 한다(직접 제출×). but (   )은 매 분기 종료일부터 1개월 이내에 국토교통부장관에게 직접 제출해야 한다. ★ 특 - 특

토지거래허가제도

1 지정절차 : (   )년 이내 기간을 정하여 지정할 수 있다.

(1) 지정권자

① 둘 이상 시·도에 걸쳐 있으면 ⇨ (   ), 동일 시·도 안의 일부면 ⇨ (   )

but 국가 때문에 투기가 되면 (   )

② 허가구역으로 지정될 수 있는 지역 : 계획, 행위제한이 (   ), 개발, 투기 우려

③ 국토교통부장관 또는 시·도지사는 **허가대상자(외국인 등을 포함한다.)**, **허가대상 (   )와 (   )** **등을 특정하여** 허가구역을 지정할 수 있다.

(2) 중앙도시계획위원회 또는 시·도도시계획위원회 심의〔심의는 (   ) 거친다!〕

① 국토교통부장관 또는 시·도지사는 허가구역으로 지정하려면 (   )도시계획위원회 또는 (   )도시계획위원회의 심의를 거쳐야 한다.

② 재지정하려면 도시계획위원회 심의 (   )에 국토교통부장관은 (   ) 및 시장·군수 또는 구청장의 의견을 미리 들어야 하고, 시·도지사는 시장·군수 또는 구청장의 의견을 미리 들어야 한다(**주의** 재지정을 하는 경우에만 의견청취 절차가 추가됨).

③ 축소·해제·재지정을 하는 경우에도 도시계획위원회의 (   )를 거친다.

(3) 지정공고 및 통지

국토교통부장관 또는 시·도지사는 허가구역으로 지정한 때에는 지체 없이 대통령령으로 정하는 사항을 공고하고, 그 공고 내용을 국토교통부장관은 **(시·도지사)를 거쳐** 시장·군수 또는 구청장에게 통지하고, 시·도지사는 **(국토교통부장관)**, 시장·군수 또는 구청장에게 통지하여야 한다. ★ 시·도지사는 위~아래~위위~아래~

(4) 공고 및 열람

① 통지를 받은 시장·군수 또는 구청장은 지체 없이 그 공고 내용을 그 허가구역을 관할하는 **(등기소장)**에게 통지하여야 한다.

> OX 시·도지사가 관할 등기소장에게 통지해야 한다.(×)

② 시장·군수 또는 구청장은 지체 없이 그 사실을 **(7)**일 이상 공고하고, 그 공고 내용을 **(15)**일간 일반이 열람할 수 있도록 하여야 한다. ★ 7공주 15일간 열받어~!

(5) 효력발생 시기

① 허가구역의 지정은 허가구역의 지정을 공고한 날부터 **(5)**일 후에 그 효력이 발생한다.

② 축소·해제·재지정의 경우 공고 **(즉시)** 효력이 발생한다.

③ 지정사유가 없어졌다고 인정되면 지체 없이 **축소·해제(하여야 한다.)**

2 토지거래허가절차

(1) 허가관청(허가권자)

시장·군수 또는 구청장(국토교통부장관×, 시·도지사×)

but 허가취소권자는 **(국토교통부장관)**, **(시·도지사)**, 시장·군수 또는 구청장

(2) 허가대상권리

① 토지에 관한 유상의 계약**(예약도 포함)** 건물×, 무상×, 증여×, 부담부 증여(○)

② **소유권○**, **지상권(○)**, 저당권(×) but 경매는 토지거래허가 **(면제)**된다. ★ 경매허면유~

(3) 허가절차

① **(사전)**허가, **(공동)**신청, **개업공인중개사는 허가신청의무(×)**

② 허가신청서에 계약내용과 그 토지의 **(이용)**계획, 취득자금 **(조달)**계획 등을 적어 시장·군수 또는 구청장에게 제출하여야 한다. ⇨ **토지거래허가를 받았어도 부동산거래신고를 해야 하고, 부동산거래신고를 할 때 자금조달 및 입주계획서를 제출(×)**

③ 허가·불허가처분의 통지 : 시장·군수 또는 구청장은 허가신청서를 받으면 「민원처리에 관한 법률」에 따른 처리기간(15일 이내)에 허가 또는 불허가의 처분을 하고, 그 신청인에게 허가증을 발급하거나 불허가처분 사유를 서면으로 알려야 한다. 다만, **(선매)**협의 절차가 진행 중인 경우에는 위의 기간 내에 그 사실을 신청인에게 알려야 한다.

④ 미처리 시 **그 기간이 끝난 날의 (다음 날)**에 허가가 있는 것으로 본다. 이 경우 지체 없이 신청인에게 허가증을 발급하여야 한다.

⑤ 이의신청 : **허가 또는 불허가처분**에 이의가 있는 자는 그 처분을 받은 날부터 **(1)**개월 이내에 이의를 신청할 수 있다. but 허가구역의 지정에 대해서는 이의신청(×)

(3) 지정공고 및 통지

국토교통부장관 또는 시·도지사는 허가구역으로 지정한 때에는 지체 없이 대통령령으로 정하는 사항을 공고하고, 그 공고 내용을 국토교통부장관은 (   )**를 거쳐** 시장·군수 또는 구청장에게 통지하고, 시·도지사는 (   ), 시장·군수 또는 구청장에게 통지하여야 한다. ★ 시·도지사는 위~아래~위위~아래~

(4) 공고 및 열람

① 통지를 받은 시장·군수 또는 구청장은 지체 없이 그 공고 내용을 그 허가구역을 관할하는 (   )에게 통지하여야 한다.

`ox` 시·도지사가 관할 등기소장에게 통지해야 한다.(   )

② 시장·군수 또는 구청장은 지체 없이 그 사실을 (   )일 이상 공고하고, 그 공고 내용을 (   )일간 일반이 열람할 수 있도록 하여야 한다. ★ 7공주 15일간 열받어~!

(5) 효력발생 시기

① 허가구역의 지정은 허가구역의 지정을 공고한 날부터 (   )일 후에 그 효력이 발생한다.

② 축소·해제·재지정의 경우 공고 (   ) 효력이 발생한다.

③ 지정사유가 없어졌다고 인정되면 지체 없이 **축소·해제(   )**

2 토지거래허가절차

(1) 허가관청(허가권자)

시장·군수 또는 구청장(국토교통부장관×, 시·도지사×)

but 허가취소권자는 (   ), (   ), 시장·군수 또는 구청장

(2) 허가대상권리

① 토지에 관한 유상의 계약(**예약도   **) 건물×, 무상×, 증여×, 부담부 증여(   )

② **소유권○, 지상권(   )**, 저당권(   ) but 경매는 토지거래허가 (   )된다. ★ 경매허면유~

(3) 허가절차

① (   )허가, (   )신청, **개업공인중개사는 허가신청의무(   )**

② 허가신청서에 계약내용과 그 토지의 (   )계획, 취득자금 (   )계획 등을 적어 시장·군수 또는 구청장에게 제출하여야 한다. ⇨ **토지거래허가를 받았어도 부동산거래신고를 해야 하고, 부동산거래신고를 할 때 자금조달 및 입주계획서를 제출(   )**

③ 허가·불허가처분의 통지 : 시장·군수 또는 구청장은 허가신청서를 받으면 「민원처리에 관한 법률」에 따른 처리기간(**일 이내**)에 허가 또는 불허가의 처분을 하고, 그 신청인에게 허가증을 발급하거나 불허가처분 사유를 서면으로 알려야 한다. 다만, (   )협의의 절차가 진행 중인 경우에는 위의 기간 내에 그 사실을 신청인에게 알려야 한다.

④ 미처리 시 **그 기간이 끝난 날의 (   )**에 허가가 있는 것으로 본다. 이 경우 지체 없이 신청인에게 허가증을 발급하여야 한다.

⑤ 이의신청 : **허가 또는 불허가처분**에 이의가 있는 자는 그 처분을 받은 날부터 (   )개월 이내에 이의를 신청할 수 있다. but 허가구역의 지정에 대해서는 이의신청(   )

⑥ 토지거래허가를 받지 않고 계약을 체결하거나 부정한 방법으로 토지거래허가를 받은 경우
: 2년-토지가격의 **(30)**% 이하의 벌금, **(유동적)** 무효
but 외국인 특례상 취득허가를 받지 않거나 부정한 방법으로 취득허가를 받은 경우 :
2년-2천, **(확정적)** 무효

3 **허가기준 면적((10)% 이상 (300)% 이하의 범위에서 따로 정할 수 있다)**
다음의 기준 면적을 초과하는 경우에 허가를 받아야 한다.

구 분			기준 면적	
허가기준 면적	도시지역 안	주거지역	**(60)**㎡ 초과	★ 주미 60
		상업지역	150㎡ 초과	상공 150
		공업지역	**(150)**㎡ 초과	녹지 200
		녹지지역	**(200)**㎡ 초과	
		미지정 구역	60㎡ 초과	
	도시지역 외의 지역	기타	250㎡ 초과	
		농지	**(500)**㎡ 초과	
		임야	1,000㎡ 초과	

4 **선매와 매수청구**

구분	선매	매수청구
의의	허가신청이 있는 경우 시장·군수 또는 구청장이 지정하는 자(선매자)가 토지 소유자와 **(협의)**하여 매수 ⇨ **(협의)**가 성립되지 않으면 지체 없이 허가 또는 불허가(무조건 불허가×) 선매협의 시작은 지정통지를 받은 날부터 **(15)**일 이내 선매협의 완료는 지정통지를 받은 날부터 **(1)**개월 이내 ■ **선매대상 토지** 1. **(공익)**사업용 토지 2. **(허가)**받은 목적대로 이용하지 않은 토지	불허가처분을 받은 자는 그 통지를 받은 날부터 **(1)**개월 이내에 시장·군수 또는 구청장에게 해당 토지의 매수를 청구 ⇨ 시장·군수 또는 구청장이 지정하는 자(매수자)가 예산의 범위 안에서 매수

⑥ 토지거래허가를 받지 않고 계약을 체결하거나 부정한 방법으로 토지거래허가를 받은 경우
　: 2년-토지가격의 (　　)% 이하의 벌금, (　　　　) 무효
　but 외국인 특례상 취득허가를 받지 않거나 부정한 방법으로 취득허가를 받은 경우 :
　2년-2천, (　　　　) 무효

3 **허가기준 면적((　　)% 이상 (　　)% 이하의 범위에서 따로 정할 수 있다)**
다음의 기준 면적을 초과하는 경우에 허가를 받아야 한다.

구 분			기준 면적
허가기준 면적	도시지역 안	주거지역	(　　)㎡ 초과
		상업지역	150㎡ 초과
		공업지역	(　　)㎡ 초과
		녹지지역	(　　)㎡ 초과
		미지정 구역	60㎡ 초과
	도시지역 외의 지역	기타	250㎡ 초과
		농지	(　　)㎡ 초과
		임야	1,000㎡ 초과

★ 주미 60
상공 150
녹지 200

4 **선매와 매수청구**

구분	선매	매수청구
의의	허가신청이 있는 경우 시장·군수 또는 구청장이 지정하는 자(선매자)가 토지 소유자와 (　　)하여 매수 ⇨ (　　)가 성립되지 않으면 지체 없이 허가 또는 불허가(무조건 불허가×) 선매협의 시작은 지정통지를 받은 날부터 (　　)일 이내 선매협의 완료는 지정통지를 받은 날부터 (　　)개월 이내 ■ 선매대상 토지 1. (　　)사업용 토지 2. (　　)받은 목적대로 이용하지 않은 토지	불허가처분을 받은 자는 그 통지를 받은 날부터 (　　)개월 이내에 시장·군수 또는 구청장에게 해당 토지의 매수를 청구 ⇨ 시장·군수 또는 구청장이 지정하는 자(매수자)가 예산의 범위 안에서 매수

구분	선매	매수청구
시기	토지거래계약 **(허가신청)** 시	토지거래허가의 **(불허가처분)** 시
가격	원칙 : **(감정가격)** ★ 선감~ 매공시~♪	원칙 : **(공시지가)**
	예외 : **(허가신청서)**에 기재된 금액이 공시지가(감정가격)보다 낮은 경우에는 **(허가신청서)**에 적힌 금액으로 할 수 있다.	
선매자·매수자	한국은행**(x)**, 항만공사**(x)**, 지방공사**(x)**, 민간기업**(x)** ★ 4글자(死)는 죽어!	

주의 1개월이 아닌 것

허가·불허가처리기간 (15)일 이내, 선매협의 시작 (15)일 이내,

이행명령의 이행기간 (3)개월 이내, 이행강제금 부과에 대한 이의제기 (30)일 이내

이렇게 네 가지를 제외하고 나머지는 1개월 이내

5. 이행강제금

(1) 토지이용에 관한 의무

이용의무기간 내에 그 토지를 허가받은 목적대로 이용하여야 한다.

> ■ **이용의무기간**
> **이**용의무기간 : **(이)**년
> **사**업 시행 : **(사)**년
> 현상**보**존 : **(오)**년

but 계획의 **(변경)**, **(해외)**이주, 군복무, **(자연)**재해 등의 경우 허가받은 목적대로 이용하지 않아도 된다.

(2) 이행강제금

① 이행명령 : 시장·군수 또는 구청장은 토지의 이용 의무를 이행하지 아니한 자에 대하여는 상당한 기간을 정하여 토지의 이용 의무를 이행하도록 명할 수 있다〔이용의무의 이행명령은 **(3)**개월 이내의 기간을 정하여 **(문서)**로 한다〕.
이행명령 없이 곧바로 이행강제금 부과(x)

② 부과권자·부과범위 : 시장·군수 또는 구청장은 이행명령이 정하여진 기간에 이행되지 아니한 경우에는 토지 취득가액의 **100분의 (10)의 범위**에서 이행강제금을 부과한다.

> ■ **이행강제금**
> 방치 : **(10)**%
> 임대 : **(7)**%
> 승인을 받지 않고 목적을 변경하여 이용(**오**용) : **(오)**%
> 기타 : 7%

구분	선매	매수청구
시기	토지거래계약 (　　) 시	토지거래허가의 (　　) 시
가격	원칙 : (　　　) ★ 선감~ 매공시~♪	원칙 : (　　　)
	예외 : (　　　)에 기재된 금액이 공시지가(감정가격)보다 낮은 경우에는 (　　　)에 적힌 금액으로 할 수 있다.	
선매자·매수자	한국은행(　), 항만공사(　), 지방공사(　), 민간기업(　) ★ 4글자(死)는 죽어!	

주의 1개월이 아닌 것
허가·불허가처리기간 (　)일 이내, 선매협의 시작 (　)일 이내,
이행명령의 이행기간 (　)개월 이내, 이행강제금 부과에 대한 이의제기 (　)일 이내
이렇게 네 가지를 제외하고 나머지는 1개월 이내

5 이행강제금

(1) 토지이용에 관한 의무
이용의무기간 내에 그 토지를 허가받은 목적대로 이용하여야 한다.

> ■ **이용의무기간**
> **이용**의무기간 : (　)년
> **사업** 시행 : (　)년
> 현상**보존** : (　)년

but 계획의 (　), (　)이주, 군복무, (　)재해 등의 경우 허가받은 목적대로 이용하지 않아도 된다.

(2) 이행강제금
① 이행명령 : 시장·군수 또는 구청장은 토지의 이용 의무를 이행하지 아니한 자에 대하여는 상당한 기간을 정하여 토지의 이용 의무를 이행하도록 명할 수 있다(이용의무의 이행명령은 (　)개월 이내의 기간을 정하여 (　)로 한다).
이행명령 없이 곧바로 이행강제금 부과(　)
② 부과권자·부과범위 : 시장·군수 또는 구청장은 이행명령이 정하여진 기간에 이행되지 아니한 경우에는 토지 취득가액의 **100분의 (　)의 범위**에서 이행강제금을 부과한다.

> ■ **이행강제금**
> 방치 : (　)%
> 임대 : (　)%
> 승인을 받지 않고 목적을 변경하여 이용(**오용**) : (　)%
> 기타 : 7%

③ 부과횟수 : 최초의 **(이행명령)**이 있었던 날(최초의 의무위반이 있었던 날×)을 기준으로 하여 **(1)년에 한 번씩 그 이행명령이 이행될 때**까지 반복하여 이행강제금을 부과·징수할 수 있다.

④ 부과정지 : 이용의무기간이 **(지난)** 후에는 이행강제금을 부과할 수 없다.

⑤ 중지 및 징수 : 시장·군수 또는 구청장은 이행명령을 받은 자가 그 명령을 이행하는 경우에는 **새로운 이행강제금의 부과를 즉시 (중지)**하되, 이행명령을 이행하기 전에 이미 부과된 이행강제금은 **(징수하여야 한다.)**

⑥ 이의제기기간 : 이행강제금 부과처분을 받은 자가 이의를 제기하려는 경우에는 부과처분의 고지를 받은 날부터 **(30)**일 이내에 이의를 제기하여야 한다.

6 유동적 무효

(1) 채권적 효력 (無) ⇨ 채권과 채무가 발생하지 않는다.
① 유동적 무효상태에서는 허가받는 것을 조건으로 소유권이전등기청구권 행사(×)
② **유동적 무효상태에서는 채무불이행책임도 성립(×)**
③ 유동적 무효상태에서 사기·강박을 이유로 의사표시를 취소(○)
④ 유동적 무효상태에서 해약금 해제는 가능(○)
⑤ 확정적 무효가 되기 전까지는 계약금을 부당이득으로 반환청구(×)
⑥ 토지거래허가구역 내에서 중간생략등기는 실체 권리관계에 부합하더라도 **(무효)**이다.

(2) 허가신청 협력의무 (有)
① 협력의무의 이행을 소(訴)로서 구할 수 있다.(○)
② 협력의무 위반에 대해서 손해배상청구는 가능하다(협력의무 위반에 대한 손해배상의 **(예정)** 도 가능하다).
③ 협력의무 불이행을 이유로 계약해제는 가능(×) ⇨ 협력의무는 부수적인 의무이기 때문에

주의
① 채무불이행을 이유로 계약해제(×), 채무불이행을 이유로 손해배상청구(×)
② 협력의무 위반을 이유로 계약해제(×), 협력의무 위반을 이유로 손해배상청구(○)

③ 부과횟수 : 최초의 (   )이 있었던 날(최초의 의무위반이 있었던 날×)을 기준으로 하여 ( )년에 한 번씩 그 이행명령이 이행될 때까지 반복하여 이행강제금을 부과·징수할 수 있다.

④ 부과정지 : 이용의무기간이 (   ) 후에는 이행강제금을 부과할 수 없다.

⑤ 중지 및 징수 : 시장·군수 또는 구청장은 이행명령을 받은 자가 그 명령을 이행하는 경우에는 **새로운 이행강제금의 부과를 즉시 (   )**하되, 이행명령을 이행하기 전에 이미 부과된 이행강제금은 (   )

⑥ 이의제기기간 : 이행강제금 부과처분을 받은 자가 이의를 제기하려는 경우에는 부과처분의 고지를 받은 날부터 ( )일 이내에 이의를 제기하여야 한다.

6 유동적 무효

(1) 채권적 효력 ( ) ⇨ **채권과 채무가 발생하지 않는다.**

① 유동적 무효상태에서는 허가받는 것을 조건으로 소유권이전등기청구권 행사( )

② **유동적 무효상태에서는 채무불이행책임도 성립( )**

③ 유동적 무효상태에서 사기·강박을 이유로 의사표시를 취소( )

④ 유동적 무효상태에서 해약금 해제는 가능( )

⑤ 확정적 무효가 되기 전까지는 계약금을 부당이득으로 반환청구( )

⑥ 토지거래허가구역 내에서 중간생략등기는 실체 권리관계에 부합하더라도 (   )이다.

(2) 허가신청 협력의무 ( )

① 협력의무의 이행을 소(訴)로서 구할 수 있다.( )

② 협력의무 위반에 대해서 손해배상청구는 가능하다[협력의무 위반에 대한 손해배상의 (   )도 가능하다].

③ 협력의무 불이행을 이유로 계약해제는 가능( ) ⇨ 협력의무는 부수적인 의무이기 때문에

주의

① 채무불이행을 이유로 계약해제( ), 채무불이행을 이유로 손해배상청구( )

② 협력의무 위반을 이유로 계약해제( ), 협력의무 위반을 이유로 손해배상청구( )

법정지상권·분묘기지권

1. 민법 제366조의 법정지상권

① 저당권 설정 시 토지와 건물(건축 중, 미등기, 무허가)이 동일인 소유 ⇨ 저당권 실행으로 소유자가 달라지면 법정지상권 성립(○)

그러나 공동저당 + 신축 ⇨ 법정지상권 성립(×)

　　　　　공동저당 ⇨ 법정지상권 성립(○)

　　　　　　신축 ⇨ 법정지상권 성립(○)(舊 건물 기준)

② 저당권 설정 시 토지와 건물이 동일인 소유가 아닌 경우 ⇨ 법정지상권 성립(×)

　㉑ 토지와 건물을 함께 매수한 후 토지에 대해서만 소유권이전등기를 마친 후 토지에 저당권을 설정한 경우 ⇨ 저당권이 실행되더라도 법정지상권 성립(×)

③ 저당권 설정 시 건물이 없었다면(나대지) ⇨ 법정지상권 성립(×)

2. 분묘기지권

① 가묘(장래의 묘소)는 분묘기지권 인정(×)

② 분묘기지권은 등기부로 확인(×) 그러나 봉분은 필요하다.

평장이나 암장의 경우 분묘기지권 인정(×)

③ 분묘기지권은 지상권과 유사한 (물권)이다.

④ 토지소유자의 승낙을 얻어서 분묘를 설치한 경우 ⇨ 지료의 지급은 (약정)에 따른다. 지료지급의 약정은 분묘기지의 승계인에게도 (미친다.)

⑤ 시효취득한 경우 ⇨ 토지소유자가 (지료를 청구한 날)부터 지료를 지급해야 한다.

⑥ 분묘에 대한 철거·이장특약 없이 토지를 양도한 경우 ⇨ (분묘기지권이 성립한 때)부터 지료를 지급해야 한다.

⑦ 지역적 범위 : 분묘기지 및 그 주위 (공지)에도 미친다.

합장(×), 쌍분(×), 원칙적으로 이장×. but 예외적으로 분묘가 (집단적)으로 설치된 경우 그 안에서 이장은 가능

⑧ 시간적 범위 : (약정)이 없다면 분묘가 존속하여 봉제사를 계속하는 한 존속한다.

　ox 분묘기지권의 존속기간은 지상권의 존속기간에 대한 규정이 유추적용되어 30년으로 인정된다.(×)

⑨ 분묘가 멸실하면 소멸한다. but (일시적)인 멸실이라면 소멸하지 않는다.

⑩ 분묘기지권의 포기는 (의사표시)로 한다(반드시 점유까지 포기해야만 하는 것은 아니다).

법정지상권·분묘기지권

1 민법 제366조의 법지상권

① 저당권 설정 시 토지와 건물(건축 중, 미등기, 무허가)이 동일인 소유 ⇨ 저당권 실행으로 소유자가 달라지면 법정지상권 성립( )

그러나 공동저당 + 신축 ⇨ 법정지상권 성립( )

공동저당 ⇨ 법정지상권 성립( )

신축 ⇨ 법정지상권 성립( )(舊 건물 기준)

② 저당권 설정 시 토지와 건물이 동일인 소유가 아닌 경우 ⇨ 법정지상권 성립( )

㉠ 토지와 건물을 함께 매수한 후 토지에 대해서만 소유권이전등기를 마친 후 토지에 저당권을 설정한 경우 ⇨ 저당권이 실행되더라도 법정지상권 성립( )

③ 저당권 설정 시 건물이 없었다면(나대지) ⇨ 법정지상권 성립( )

2 분묘기지권

① 가묘(장래의 묘소)는 분묘기지권 인정( )

② 분묘기지권은 등기부로 확인( ) 그러나 봉분은 필요하다.

평장이나 암장의 경우 분묘기지권 인정( )

③ 분묘기지권은 지상권과 유사한 ( )이다.

④ 토지소유자의 승낙을 얻어서 분묘를 설치한 경우 ⇨ 지료의 지급은 ( )에 따른다. 지료 지급의 약정은 분묘기지의 승계인에게도 ( )

⑤ 시효취득한 경우 ⇨ 토지소유자가 ( )부터 지료를 지급해야 한다.

⑥ 분묘에 대한 철거·이장특약 없이 토지를 양도한 경우 ⇨ ( )부터 지료를 지급해야 한다.

⑦ 지역적 범위 : 분묘기지 및 그 주위 ( )에도 미친다.

합장( ), 쌍분( ), 원칙적으로 이장x. but 예외적으로 분묘가 ( )으로 설치된 경우 그 안에서 이장은 가능

⑧ 시간적 범위 : ( )이 없다면 분묘가 존속하여 봉제사를 계속하는 한 존속한다.

ox 분묘기지권의 존속기간은 지상권의 존속기간에 대한 규정이 유추적용되어 30년으로 인정된다.( )

⑨ 분묘가 멸실하면 소멸한다. but ( )인 멸실이라면 소멸하지 않는다.

⑩ 분묘기지권의 포기는 ( )로 한다(반드시 점유까지 포기해야만 하는 것은 아니다).

장사 등에 관한 법률

주의 장사 등에 관한 법률 시행 전에 토지소유자의 승낙없이 설치된 분묘는 시효취득이 가능(○)
장사 등에 관한 법률 시행 전에 성립된 분묘기지권은 계속 유지 가능(○)

1 사설 묘지

구분	개인묘지	가족묘지	종중·문중묘지	법인묘지
신고 or 허가	사후(신고)	사전(허가)	사전(허가)	사전(허가)
전체면적	(30)㎡ 이하	(100)㎡ 이하	(1000)㎡ 이하	10만㎡ (이상)
분묘 1기의 점유면적		10㎡ 이하, 합장 시 (15)㎡ 이하		

주의 1기의 분묘도 개인묘지이고, 같은 구역에 해당 분묘 + (배우자) 관계였던 자의 분묘 = 개인묘지
이다.

2 장사 등에 관한 법률의 내용

① 분묘의 형태 : 봉분, 평분, (평장) ⇨ 모든 묘지에서 동일
분묘의 높이 제한 : 봉분은 (1)m 이하, 평분은 (50)㎝ 이하 ⇨ 모든 묘지에서 동일
② 분묘 설치기간 : (30)년, 1회 (30)년 연장 가능 (합장 시 합장된 날을 기준으로 산정,
★ 오늘부터 1일)
③ 설치기간이 끝난 날부터 (1)년 이내에 분묘 등을 철거하여야 한다.
④ 매장을 한 자는 (30)일 이내에 신고하여야 한다. but 화장은 (사전)신고
[ox] 법인묘지에 시신을 매장한 자는 30일 이내에 신고하여야 한다.(○)
⑤ 그냥 매장 ⇨ 지면으로부터 (1)m 이상 깊이
화장 후 매장 ⇨ 지면으로부터 (30)㎝ 이상 깊이
⑥ 법인묘지는 (재단)법인만 설치·관리할 수 있다.
⑦ 법인묘지에는 폭 (5)m 이상의 도로와 그 도로부터 각 분묘로 통하는 충분한 진출입로를
설치하고, (주차장)을 마련하여야 한다(다른 묘지는 도로·주차장 요건이 없다).
⑧ 법인자연장지는 사전허가
종중·문중·가족자연장지는 사전(신고)
개인자연장지는 사후(신고)
[ox] 종중·문중·가족자연장지를 조성하려는 자는 시장 등의 허가를 받아야 한다.(x)

장사 등에 관한 법률

주의 장사 등에 관한 법률 시행 전에 토지소유자의 승낙없이 설치된 분묘는 시효취득이 가능( )

장사 등에 관한 법률 시행 전에 성립된 분묘기지권은 계속 유지 가능( )

1 사설 묘지

구분	개인묘지	가족묘지	종중·문중묘지	법인묘지
신고 or 허가	사후( )	사전( )	사전( )	사전( )
전체면적	( )㎡ 이하	( )㎡ 이하	( )㎡ 이하	10만㎡ ( )
분묘 1기의 점유면적		10㎡ 이하, 합장 시 ( )㎡ 이하		

주의 1기의 분묘도 개인묘지이고, 같은 구역에 해당 분묘 + (   ) 관계였던 자의 분묘 = 개인묘지이다.

2 장사 등에 관한 법률의 내용

① 분묘의 형태 : 봉분, 평분, (   ) ⇨ 모든 묘지에서 동일

분묘의 높이 제한 : 봉분은 ( )m 이하, 평분은 ( )㎝ 이하 ⇨ 모든 묘지에서 동일

② 분묘 설치기간 : (   )년, 1회 (   )년 연장 가능 (합장 시 합장된 날을 기준으로 산정, ★ 오늘부터 1일)

③ 설치기간이 끝난 날부터 ( )년 이내에 분묘 등을 철거하여야 한다.

④ 매장을 한 자는 (   )일 이내에 신고하여야 한다. but 화장은 (   )신고

ox 법인묘지에 시신을 매장한 자는 30일 이내에 신고하여야 한다.( )

⑤ 그냥 매장 ⇨ 지면으로부터 ( )m 이상 깊이

화장 후 매장 ⇨ 지면으로부터 ( )㎝ 이상 깊이

⑥ 법인묘지는 (   )법인만 설치·관리할 수 있다.

⑦ 법인묘지에는 폭 ( )m 이상의 도로와 그 도로부터 각 분묘로 통하는 충분한 진출입로를 설치하고, (   )을 마련하여야 한다(다른 묘지는 도로·주차장 요건이 없다).

⑧ 법인자연장지는 사전허가

종중·문중·가족자연장지는 사전(   )

개인자연장지는 사후(   )

ox 종중·문중·가족자연장지를 조성하려는 자는 시장 등의 허가를 받아야 한다.( )

농지법

1. 농지취득자격증명의 발급장소

농지를 취득하고자 하는 자는 농지의 소재지를 관할하는 시장·구청장·읍장 또는 면장(군수×)으로부터 농지취득자격증명을 발급받아야 한다. **(7)**일 이내에 발급〔단, 농업경영계획서가 필요 없는 경우는 **(4)**일, 농지위원회 심의대상인 경우 **(14)**일〕

2. 농지취득자격증명의 발급

① 경매로 농지를 취득하는 경우 농지취득자격증명을 발급받아야 한다(**매각결정기일까지 제출○**).

                       매수신청 시 제출×

② 주말·체험영농 목적으로 농지를 취득하는 경우 농지취득자격증명을 발급받아야 한다. 주말·체험영농계획서도 작성하여야 한다〔**농업진흥지역 내에서 주말·체험영농 목적의 농지 취득(×)**〕.

③ 농지전용**허가(신고)**는 농지취득자격증명을 발급받아야 한다. but 농지전용(**협의**)를 완료한 농지는 농지취득자격증명의 발급이 면제된다.

④ 농지취득자격증명의 발급은 효력발생요건(×) ⇨ 농지취득자격증명을 발급받지 않고 매매계약을 체결한 경우에도 매매계약은 (**유효**)이다. but 농지취득자격증명은 소유권이전등기할 때 필요하다.

3. 농지소유 상한

① 상속에 의하여 농지를 취득한 자로서 농업경영을 하지 아니하는 자는 그 상속농지 중에서 총 (**1만**)㎡**까지만** 소유할 수 있다. 단, 농업 경영하는 상속인은 (**전부**) 소유할 수 있다.

② **(8)**년 이상 농업경영을 한 후 이농한 자는 이농 당시의 소유농지 중에서 총 (**1만**)㎡**까지만** 소유할 수 있다. ★ 농사짓는 거 힘들어 8자 주름 생긴다. 8년!

③ 주말·체험영농을 하고자 하는 자는 (**1천**)㎡ **미만**의 농지에 한하여 이를 소유할 수 있다. 이 경우 면적의 계산은 그 **세대원 (전부)**가 소유하는 (**총**) 면적으로 한다.

4. 농지의 임대차〔전세권 설정(×)〕

① 임대차계약은 (**서면**)계약을 원칙으로 한다.

② 대항요건 : **시·구·읍·면장의 (확인)** + 농지 인도 ⇨ 그 다음 날부터 대항력 발생

③ 임대차 기간은 **(3)**년 이상으로 하여야 한다. but 다년생식물의 재배지 등은 **(5)**년 이상으로 하여야 한다.

④ 갱신거절의 통지 : 임대인이 기간만료 **(3)**개월 전까지 갱신거절의 통지를 하지 않으면 묵시적 갱신이 된다.

⑤ 임대 농지의 양수인은 이 법에 따른 (**임대인**)의 지위를 승계한 것으로 본다.

⑥ 임대차계약의 당사자는 임대차 기간, 임차료 등 임대차계약에 관하여 서로 협의가 이루어지지 아니한 경우에는 농지소재지를 관할하는 **시장·군수 또는 (자치구)구청장**에게 조정을 신청할 수 있다.

 OX 조정위원회에게 조정을 신청할 수 있다.(×)

농지법

1 농지취득자격증명의 발급장소

농지를 취득하고자 하는 자는 농지의 소재지를 관할하는 시장·구청장·읍장 또는 면장(군수x)으로부터 농지취득자격증명을 발급받아야 한다. (　)일 이내에 발급〔단, 농업경영계획서가 필요 없는 경우는 (　)일, 농지위원회 심의대상인 경우 (　)일〕

2 농지취득자격증명의 발급

① 경매로 농지를 취득하는 경우 농지취득자격증명을 발급받아야 한다(　　　　까지 제출○). 매수신청 시 제출x

② 주말·체험영농 목적으로 농지를 취득하는 경우 농지취득자격증명을 발급받아야 한다. 주말·체험영농계획서도 작성하여야 한다〔**농업진흥지역 내에서 주말·체험영농 목적의 농지 취득(　)**〕.

③ 농지전용**허가(신고)**는 농지취득자격증명을 발급받아야 한다. but 농지전용(　)를 완료한 농지는 농지취득자격증명의 발급이 면제된다.

④ 농지취득자격증명의 발급은 효력발생요건(　) ⇨ 농지취득자격증명을 발급받지 않고 매매계약을 체결한 경우에도 매매계약은 (　)이다. but 농지취득자격증명은 소유권이전등기할 때 필요하다.

3 농지소유 상한

① 상속에 의하여 농지를 취득한 자로서 농업경영을 하지 아니하는 자는 그 상속농지 중에서 총 (　)㎡까지만 소유할 수 있다. 단, 농업 경영하는 상속인은 (　) 소유할 수 있다.

② (　)년 이상 농업경영을 한 후 이농한 자는 이농 당시의 소유농지 중에서 총 (　)㎡까지만 소유할 수 있다. ★농사짓는 거 힘들어 8자 주름 생긴다. 8년!

③ 주말·체험영농을 하고자 하는 자는 (　)㎡ **미만**의 농지에 한하여 이를 소유할 수 있다. 이 경우 면적의 계산은 그 **세대원 (　)**가 소유하는 (　) 면적으로 한다.

4 농지의 임대차〔전세권 설정(　)〕

① 임대차계약은 (　)계약을 원칙으로 한다.

② 대항요건 : **시·구·읍·면장의 (　)** + 농지 인도 ⇨ 그 다음 날부터 대항력 발생

③ 임대차 기간은 (　)년 이상으로 하여야 한다. but 다년생식물의 재배지 등은 (　)년 이상으로 하여야 한다.

④ 갱신거절의 통지 : 임대인이 기간만료 (　)개월 전까지 갱신거절의 통지를 하지 않으면 묵시적 갱신이 된다.

⑤ 임대 농지의 양수인은 이 법에 따른 (　)의 지위를 승계한 것으로 본다.

⑥ 임대차계약의 당사자는 임대차 기간, 임차료 등 임대차계약에 관하여 서로 협의가 이루어지지 아니한 경우에는 농지소재지를 관할하는 **시장·군수 또는 (　)구청장**에게 조정을 신청할 수 있다.

　　ox 조정위원회에게 조정을 신청할 수 있다.(　)

확인·설명서 작성방법 및 검인·전자계약

1. 주거용 건축물 확인 · 설명서 작성방법

- Ⅰ. **기본확인사항** : 개업공인중개사가 확인하여 기재○, 자료요구(×)
- Ⅱ. **세부확인사항** : 실제권리관계 또는 공시되지 않은 물건의 권리사항, 내·외부 시설물의 상태, 벽면·바닥면 및 도배의 상태, 환경조건, **(현장안내)**
  ⇨ 현장안내는 자료요구(×), 다른 세부확인사항은 자료요구(○)
- Ⅲ. **중개보수 등에 관한 사항** : 중개보수, 실비, 계, 지급**(시기)**

① 단독주택, 공동주택, **(주거용)** 오피스텔로 구분되어 있다.

② 확인·설명의 근거자료에 **(확정일자)** 부여현황, **(전입세대)**확인서, 국세납세증명서, 지방세납세증명서가 포함된다. ⇨ 주택 임대차에서 확인·설명 시 근거자료가 되니까

③ 권리관계에는 '**(등기부)** 기재사항'만 적는다.
  `ox` '실제 권리관계'를 '권리관계'란에 적는다.(×)

④ '**임대차 확인사항**'에는 **(확정일자)** 부여현황 정보, 국세 및 **(지방세)** 체납 정보, 전입**(세대)**확인서 제출, **최우선변제금**, **(민간임대)등록** 여부, **(계약)갱신**요구권 행사여부를 적는다.
  ★ **부.체.전.최**를 **변제**하지 않으면 **등.신!** ⇨ 개업공인중개사가 임대인 및 **(임차인)**에게 설명하였음을 확인하고, 임대인과 **(임차인)**의 서명 또는 날인을 받아야 함

⑤ 민간임대등록을 한 주택임대사업자는 임대보증금 **(보증)**에 가입해야 한다.

⑥ 건폐율 상한과 용적률 상한은 **시·(군)의 조례**에 따라 적는다(토지이용계획확인서×).

⑦ 임대차에서 '공법상 이용제한 및 거래규제' '공시지가'는 **기재를 (생략할 수 있다.)**

⑧ 임대차에서 '취득 시 부담하여야 할 조세의 종류 및 세율'은 **기재를 (제외한다.)**

⑨ 거래예정금액은 중개완성 전 거래예정금액을 적는다(중개완성 시 거래금액×). **확인·설명서 작성방법에서는 무조건 중개완성 (전)이고, (거래예정)금액이다.**

⑩ '관리에 관한 사항'에 경비실, 관리주체, **관리비(총 금액, 포함 비목, 부과방식)**를 적는다.
  `ox` 주택 임대차 중개에서 관리비는 확인·설명사항에 해당한다.(○)
  관리비를 임대차 확인사항란에 적는다.(×)
  관리비를 관리에 관한 사항란에 적는다.(○)

⑪ **환경조건** : 일조량, 소음, 진동 ⇨ 자료요구(○)
  but 내진설계적용 여부는 기본확인사항에 해당한다. ⇨ 자료요구(×)
  입지조건 : **(도로)**와의 관계, 대중교통, 주차장, **(교육)시설**, **판매 및 의료시설(×)**
  비선호시설((1)㎞ 이내) : 화장장, 납골당, 공동묘지, 쓰레기처리장, 쓰레기소각장, 분묘처리장

⑫ '승강기' '소방(단독경보형 감지기)'는 내·외부 시설물의 상태에 해당한다. ⇨ 자료요구(○)

⑬ 단독경보형 감지기는 아파트를 **(제외)**한 주택의 경우에 적는다. but 비주거용 건축물(예 상가)의 경우에는 단독경보형 감지기가 아니라 **비상벨과 (소화전)**을 적는다. ⇨ 자료요구(○)

⑭ 난방방식이 중앙공급, 개별공급, 지역난방 중 개별공급의 경우 **보일러의 '사용(연한)'도 기재한다.** 사용연한이 10년이고, 출시년도 2015년, 현재 2025년이면 사용연한은 0이다. ⇨ 자료요구(○)

⑮ '현장안내'에는 현장안내자(개업공인중개사, 소속공인중개사, 중개보조원)를 체크하고, 중개보조원이 현장안내를 한 경우 **(신분고지)** 여부를 체크한다.

확인·설명서 작성방법 및 검인·전자계약

1. 주거용 건축물 확인 · 설명서 작성방법

- Ⅰ. **기본확인사항** : 개업공인중개사가 확인하여 기재○, 자료요구( )
- Ⅱ. **세부확인사항** : 실제권리관계 또는 공시되지 않은 물건의 권리사항, 내·외부 시설물의 상태, 벽면·바닥면 및 도배의 상태, 환경조건, ( )
  ⇨ 현장안내는 자료요구( ), 다른 세부확인사항은 자료요구( )
- Ⅲ. **중개보수 등에 관한 사항** : 중개보수, 실비, 계, 지급( )

① 단독주택, 공동주택, ( ) 오피스텔로 구분되어 있다.

② 확인·설명의 근거자료에 ( ) 부여현황, ( )확인서, 국세납세증명서, 지방세납세증명서가 포함된다. ⇨ 주택 임대차에서 확인·설명 시 근거자료가 되니까

③ 권리관계에는 '( ) 기재사항'만 적는다.
  [ox] '실제 권리관계'를 '권리관계'란에 적는다.( )

④ **'임대차 확인사항'**에는 ( ) **부여현황 정보, 국세 및 ( ) 체**납 정보, **전입**( ) 확인서 제출, **최우선변제**금, ( )등록 여부, ( )갱신요구권 행사여부를 적는다.
  ★ **부.체.전.최를 변제**하지 않으면 **등.신**! ⇨ 개업공인중개사가 임대인 및 ( )에게 설명하였음을 확인하고, 임대인과 ( )의 서명 또는 날인을 받아야 함

⑤ 민간임대등록을 한 주택임대사업자는 임대보증금 ( )에 가입해야 한다.

⑥ 건폐율 상한과 용적률 상한은 **시·( )의 조례**에 따라 적는다(토지이용계획확인서×).

⑦ 임대차에서 '공법상 이용제한 및 거래규제' '공시지가'는 **기재를 ( )**

⑧ 임대차에서 '취득 시 부담하여야 할 조세의 종류 및 세율'은 **기재를 ( )**

⑨ 거래예정금액은 중개완성 전 거래예정금액을 적는다(중개완성 시 거래금액×). **확인·설명서 작성방법에서는 무조건 중개완성 ( )이고, ( )금액이다.**

⑩ '관리에 관한 사항'에 경비실, 관리주체, **관리비(총 금액, 포함 비목, 부과방식)**를 적는다.
  [ox] 주택 임대차 중개에서 관리비는 확인·설명사항에 해당한다.( )
  관리비를 임대차 확인사항란에 적는다.( )
  관리비를 관리에 관한 사항란에 적는다.( )

⑪ **환경조건** : 일조량, 소음, 진동 ⇨ 자료요구( )
  but 내진설계적용 여부는 기본확인사항에 해당한다. ⇨ 자료요구( )
  입지조건 : ( )와의 관계, 대중교통, 주차장, ( )시설, **판매 및 의료시설( )**
  비선호시설(( )km 이내) : 화장장, 납골당, 공동묘지, 쓰레기처리장, 쓰레기소각장, 분묘처리장

⑫ '승강기' '소방(단독경보형 감지기)'는 내·외부 시설물의 상태에 해당한다. ⇨ 자료요구( )

⑬ 단독경보형 감지기는 아파트를 ( )한 주택의 경우에 직는다. but 비주거용 건축물(예 상가)의 경우에는 단독경보형 감지기가 아니라 **비상벨과 ( )**을 적는다. ⇨ 자료요구( )

⑭ 난방방식이 중앙공급, 개별공급, 지역난방 중 개별공급의 경우 **보일러의 '사용( )'도 기재한다.** 사용연한이 10년이고, 출시년도 2015년, 현재 2025년이면 사용연한은 이이다. ⇨ 자료요구( )

⑮ '현장안내'에는 현장안내자(개업공인중개사, 소속공인중개사, 중개보조원)를 체크하고, 중개보조원이 현장안내를 한 경우 ( ) 여부를 체크한다.

⑯ 근저당은 실제 채무액을 반드시 확인할 필요 없고, 채권(최고액)을 확인하면 된다.
　　but (채무) 인수조건 ⇨ 실제 채무액도 확인한다.
⑰ 중개보수에 부가가치세는 (별도)이다.
　　ox 부가가치세를 별도로 받아도 초과보수 금지행위이다.(×)

2 확인 · 설명서 기재사항

① 모든 확인 · 설명서의 공통 기재사항 : (취득) 시 부담해야 할 조세의 종류 및 세율, 재산세, (중개보수) 및 실비의 금액과 산출내역, 거래예정금액, 물건의 표시, 권리관계, 실제 권리관계
② 주거용 건축물 확인 · 설명서에만 있는 것 : (환경)조건, 도배의 상태, 교육시설, (단독경보형) 감지기, 가정자동화시설
③ 주거용과 토지 확인 · 설명서에만 있는 것 : 비선호시설〔비주거용 -비선호시설(×)〕

3 검인

① 검인은 소유권이전등기와 관련이 있다. 예 (교환)계약, (증여)계약, 소유권이전을 명하는 (판결서), 소유권이전등기청구권 보전가등기에 기한 (본등기) 신청
　　but 부동산거래신고 ⇨ 검인 (의제)
② 소유권이전등기와 무관한 것은 검인대상(×) 예 임대차, 저당권 설정, 소유권이전등기청구권 보전가등기의 신청
③ 개업공인중개사의 중개로 거래가 이루어진 경우 **개업공인중개사에게 검인신청의무(×)**
　　but 개업공인중개사가 검인신청을 할 수는 있다.
④ (형식)적 심사 : 계약서 또는 판결서 등의 (형식)적 요건의 구비 여부만을 확인하고 그 기재에 흠결이 없다고 인정한 때에는 지체 없이 검인을 하여 교부하여야 한다(진정성 확인×).

4 전자계약(부동산거래계약시스템, 공인전자문서센터)

① 매매계약을 전자계약으로 체결한 경우 (부동산거래신고)가 의제된다.
② 주택임대차계약을 전자계약으로 체결한 경우 주택임대차계약의 신고가 의제되고, (확정일자)가 자동으로 부여된다.
③ 전자계약을 체결하면 거래계약서와 중개대상물확인·설명서가 (공인전자문서센터)에 보관되므로 중개사무소에 별도로 보존하지 않아도 된다.

부동산실명법

1 적용 제외와 특례

양도담보, 가등기 담보 ⇨ 가담법 적용 ⇨ (유효)
구분소유적 공유(상호명의신탁) ⇨ 민법 적용 ⇨ (유효)
but 종중, 배우자, 종교단체는 (특례)라서 유효

⑯ 근저당은 실제 채무액을 반드시 확인할 필요 없고, 채권(   )을 확인하면 된다.
but (   ) 인수조건 ⇨ 실제 채무액도 확인한다.
⑰ 중개보수에 부가가치세는 (   )이다.
　ox 부가가치세를 별도로 받아도 초과보수 금지행위이다.(   )

2. 확인 · 설명서 기재사항
① 모든 확인 · 설명서의 공통 기재사항 : (   ) 시 부담해야 할 조세의 종류 및 세율, 재산세, (   ) 및 실비의 금액과 산출내역, 거래예정금액, 물건의 표시, 권리관계, 실제 권리관계
② 주거용 건축물 확인 · 설명서에만 있는 것 : (   )조건, 도배의 상태, 교육시설, (   ) 감지기, 가정자동화시설
③ 주거용과 토지 확인 · 설명서에만 있는 것 : 비선호시설 〔비주거용 -비선호시설(   )〕

3. 검인
① 검인은 소유권이전등기와 관련이 있다. ㉔ (   )계약, (   )계약, 소유권이전을 명하는 (   ), 소유권이전등기청구권 보전가등기에 기한 (   ) 신청
but 부동산거래신고 ⇨ 검인 (   )
② 소유권이전등기와 무관한 것은 검인대상(   ) ㉔ 임대차, 저당권 설정, 소유권이전등기청구권 보전가등기의 신청
③ 개업공인중개사의 중개로 거래가 이루어진 경우 **개업공인중개사에게 검인신청의무(   )**
but 개업공인중개사가 검인신청을 할 수는 있다.
④ (   )적 심사 : 계약서 또는 판결서 등의 (   )적 요건의 구비 여부만을 확인하고 그 기재에 흠결이 없다고 인정한 때에는 지체 없이 검인을 하여 교부하여야 한다(진정성 확인×).

4. 전자계약(부동산거래계약시스템, 공인전자문서센터)
① 매매계약을 전자계약으로 체결한 경우 (   )가 의제된다.
② 주택임대차계약을 전자계약으로 체결한 경우 주택임대차계약의 신고가 의제되고, (   )가 자동으로 부여된다.
③ 전자계약을 체결하면 거래계약서와 중개대상물확인·설명서가 (   )에 보관되므로 중개사무소에 별도로 보존하지 않아도 된다.

부동산실명법

1. 적용 제외와 특례
양도담보, 가등기 담보 ⇨ 가담법 적용 ⇨ (   )
구분소유적 공유(상호명의신탁) ⇨ 민법 적용 ⇨ (   )
but 종중, 배우자, 종교단체는 (   )라서 유효

2 친구 간의 명의신탁의 효력

① 명의신탁약정은 (무효)이다.

② 명의신탁약정에 따른 물권변동(= 등기)도 (무효)이다.

③ 매도인이 선의라면 물권변동(= 등기)은 (유효)이다. but 매도인이 선의라도 명의신탁약정은 (무효)이다.

④ 수탁자와 거래한 제3자는 선·악 불문하고 보호된다. 단, 제3자가 수탁자의 배임행위에 (적극) 가담한 경우에는 무효이므로 보호되지 않는다.

3 유형

① 2자간 명의신탁

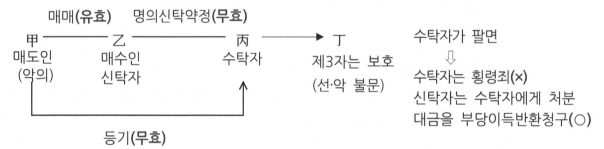

② 3자간 등기명의신탁(중간생략형 명의신탁)

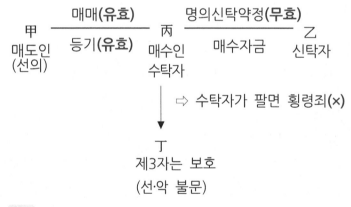

③ 계약명의신탁 ⇨ **경매에서는 부동산 소유자가 (악의)여도 수탁자가 소유권을 취득한다.**

```
甲 ──── 매매(유효) ──── 丙 ── 명의신탁약정(무효) ── 乙
매도인    등기(유효)    매수인      매수자금      신탁자
(선의)                 수탁자
                        │ ⇨ 수탁자가 팔면 횡령죄(×)
                        ↓
                        丁
                     제3자는 보호
                     (선·악 불문)
```

주의

① 매도인이 계약체결 시 선의였다면 나중에 알았다 하더라도 (선의)

② 계약명의신탁에서 신탁자가 20년간 점유한 경우 점유취득시효 인정(×)

4 제재(명의신탁 자체를 처벌함)

명의신탁자 : (5)년 - (2)억원

명의수탁자 : (3)년 - (1)억원

2 친구 간의 명의신탁의 효력

① 명의신탁약정은 ( )이다.

② 명의신탁약정에 따른 물권변동(= 등기)도 ( )이다.

③ 매도인이 선의라면 물권변동(= 등기)은 ( )이다. but 매도인이 선의라도 명의신탁약정은 ( )이다.

④ 수탁자와 거래한 제3자는 선·악 불문하고 보호된다. 단, 제3자가 수탁자의 배임행위에 ( ) 가담한 경우에는 무효이므로 보호되지 않는다.

3 유형

① 2자간 명의신탁

甲 ——————명의신탁약정( )—————— 乙 ⇨ 수탁자가 팔면 횡령죄( )
신탁자　　등기( )　　수탁자
　　　　불법원인급여( )

② 3자간 등기명의신탁(중간생략형 명의신탁)

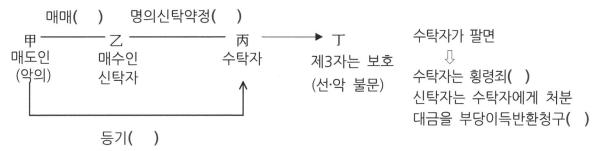

甲 ——— 매매( ) ——— 乙 ——— 명의신탁약정( ) ——— 丙 ——→ 丁
매도인　　매수인　　수탁자　　제3자는 보호
(악의)　　신탁자　　　　　　(선·악 불문)

등기( )

수탁자가 팔면
⇩
수탁자는 횡령죄( )
신탁자는 수탁자에게 처분대금을 부당이득반환청구( )

③ 계약명의신탁 ⇨ **경매에서는 부동산 소유자가 ( )여도 수탁자가 소유권을 취득한다.**

甲 ——— 매매( ) ——— 丙 ——— 명의신탁약정( ) ——— 乙
매도인　　등기( )　　매수인　　매수자금　　신탁자
(선의)　　　　　　수탁자

⇨ 수탁자가 팔면 횡령죄( )

丁
제3자는 보호
(선·악 불문)

주의

① 매도인이 계약체결 시 선의였다면 나중에 알았다 하더라도 ( )

② 계약명의신탁에서 신탁자가 20년간 점유한 경우 점유취득시효 인정( )

4 제재(명의신탁 자체를 처벌함)

명의신탁자 : ( )년 - ( )억원
명의수탁자 : ( )년 - ( )억원

주택임대차보호법·상가건물임대차보호법

구분	주택임대차보호법	상가건물 임대차보호법
적용범위	① 자연인과 일정한 범위의 법인 　　예 토지주택공사(○), 지방공사(○), 　　중소기업인 법인(x) ② 주거용 건물의 전부 또는 일부의 임대차 ③ 주거용과 비주거용의 판단기준 　　⇨ (사실상) 이용 상태로 판단	① 사업자등록의 대상이 되는 상가건물의 임대차 중 보증금이 일정액 이하인 경우에 적용 예 서울에서 (9)억원 이하 ② 보증금이 일정액을 초과하는 경우에도 대항력, 권리금 보호, (3)기의 차임액 연체 시 계약해지, 계약갱신요구제도, (폐업)으로 인한 임차인이 해지권에 관한 규정은 적용 ★ 대권3표 계갱해
적용범위	① 미등기 전세는 적용(○) ② 일시사용을 위한 임대차는 적용(x)	
대항력	주택의 인도와 (주민등록)을 마친 다음 날부터 대항력 발생	건물의 인도와 사업자등록을 (신청)한 다음 날부터 대항력 발생
대항력	경매에서 대항력 발생 시점이 (최)선순위 저당권 설정일자보다 앞선 경우에 대항력이 있음	
우선변제권	① 대항요건과 임대차계약증서상의 확정일자를 갖춘 경우에 인정 ② 확정일자 부여기관 : 주민센터○, 법원○, 등기소○, 공증인(○)	① 대항요건과 임대차계약서상의 확정일자를 갖춘 경우에 인정 ② 확정일자 부여기관 : 관할 (세무서장)
집행개시 요건의 특례	① 강제경매를 신청하는 경우에 (반대의무)의 이행이나 이행의 제공을 집행개시의 요건으로 하지 아니함 ② 우선변제권의 행사에 따른 보증금을 수령하려면 주택(건물)을 (양수)에게 인도해야 함	
임차권 등기명령	임대차가 (종료)된 후 보증금을 반환받지 못한 임차인은 임차건물의 소재지를 관할하는 지방법원·지방법원지원 또는 시·군 법원에 신청할 수 있음	
보증금 중 일정액의 보호 (최우선 변제권)	서울 : 1억 6,500만원 ⇨ 5,500만원 　　　(단순보증금)	서울 : 6,500만원 ⇨ 2,200만원 　　　(환산보증금)
보증금 중 일정액의 보호 (최우선 변제권)	① (경매신청)의 등기 전에 임차인이 대항요건을 갖추어야 함[확정일자는 요건(x)] ② 대지를 포함하는 주택(건물)가액의 (2)분의 1의 범위에서 인정	
존속기간 보장	최단기간 (2)년 보장	최단기간 (1)년 보장
존속기간 보장	임차인은 짧은 기간 주장(○), 임대인은 짧은 기간 주장(x)	
차임증감 청구권	① 증액청구는 연 (5)% 이내, (1)년 이내 다시 증액청구 못 함 ② 감액청구는 제한 (없음)	
산정률의 제한	연 10% 또는 기준금리 (+) 2% 중 낮은 비율	연 12% 또는 기준금리 (X) 4.5 중 낮은 비율
임차권의 승계	상속인(2촌 이내)과 사실혼 배우자가 가정공동생활○ ⇨ (상속인)만 승계 (1)개월 이내 반대의사 표시하고 승계포기	규정 없음

주택임대차보호법·상가건물임대차보호법

구분	주택임대차보호법	상가건물 임대차보호법
적용범위	① 자연인과 일정한 범위의 법인 　　예 토지주택공사(　), 지방공사(　), 　　중소기업인 법인(　) ② 주거용 건물의 전부 또는 일부의 임대차 ③ 주거용과 비주거용의 판단기준 　　⇨ (　　　) 이용 상태로 판단	① 사업자등록의 대상이 되는 상가건물의 임대차 중 보증금이 일정액 이하인 경우에 적용 예 서울에서 (　)억원 이하 ② 보증금이 일정액을 초과하는 경우에도 대항력, 권리금 보호, (　)기의 차임액 연체 시 계약해지, 계약갱신요구제도, (　)으로 인한 임차인이 해지권에 관한 규정은 적용 ★ 대권3표 계갱해
	① 미등기 전세는 적용(　) ② 일시사용을 위한 임대차는 적용(　)	
대항력	주택의 인도와 (　　　)을 마친 다음 날부터 대항력 발생	건물의 인도와 사업자등록을 (　)한 다음 날부터 대항력 발생
	경매에서 대항력 발생 시점이 (　)선순위 저당권 설정일자보다 앞선 경우에 대항력이 있음	
우선변제권	① 대항요건과 임대차계약증서상의 확정일자를 갖춘 경우에 인정 ② 확정일자 부여기관 : 주민센터○, 법원○, 등기소○, 공증인(　)	① 대항요건과 임대차계약서상의 확정일자를 갖춘 경우에 인정 ② 확정일자 부여기관 : 관할 (　　　　)
집행개시 요건의 특례	① 강제경매를 신청하는 경우에 (　　　)의 이행이나 이행의 제공을 집행개시의 요건으로 하지 아니함 ② 우선변제권의 행사에 따른 보증금을 수령하려면 주택(건물)을 (　　　)에게 인도해야 함	
임차권 등기명령	임대차가 (　)된 후 보증금을 반환받지 못한 임차인은 임차건물의 소재지를 관할하는 지방법원·지방법원지원 또는 시·군 법원에 신청할 수 있음	
보증금 중 일정액의 보호 (최우선 변제권)	서울 : 1억 6,500만원 ⇨ 5,500만원 　　(단순보증금)	서울 : 6,500만원 ⇨ 2,200만원 　　(　　보증금)
	① (　　　　)의 등기 전에 임차인이 대항요건을 갖추어야 함[확정일자는 요건(　)] ② 대지를 포함하는 주택(건물)가액의 (　)분의 1의 범위에서 인정	
존속기간 보장	최단기간 (　)년 보장	최단기간 (　)년 보장
	임차인은 짧은 기간 주장(　), 임대인은 짧은 기간 주장(　)	
차임증감 청구권	① 증액청구는 연 (　)% 이내, (　)년 이내 다시 증액청구 못 함 ② 감액청구는 제한 (　)	
산정률의 제한	연 10% 또는 기준금리 (　) 2% 중 낮은 비율	연 12% 또는 기준금리 (　) 4.5 중 낮은 비율
임차권의 승계	상속인(2촌 이내)과 사실혼 배우자가 가정공동생활○ ⇨ (　　　)만 승계 (　)개월 이내 반대의사 표시하고 승계포기	규정 없음

묵시적 갱신·계약갱신요구권

1 묵시적 갱신(임대인과 임차인이 모두 멍 때림)

구분	주택임대차보호법	상가건물 임대차보호법
갱신거절 통지	임대인 : 기간 만료 6개월 전부터 (2)개월 전까지	임대인 : 기간 만료 6개월 전부터 (2)개월 전까지
	임차인 : 기간 만료 (2)개월 전까지	임차인 : 규정 없음 따라서 (만료일) 전까지 갱신거절의 통지 가능
존속기간	(2)년으로 본다.	(1)년으로 본다.
해지통지	(임차인)은 언제든지 해지통지(통고) 가능 임대인이 통지를 받은 날부터 (3)개월이 지나면 계약해지의 효력발생	
예외	(2)기의 차임액 연체하거나 의무를 현저히 위반한 임차인에게는 인정 안 됨	규정 없음

2 계약갱신요구권(임차인이 요구함)

구분	주택임대차보호법	상가건물 임대차보호법
행사 기간	임차인 : 기간 만료 6개월 전부터 (2)개월 전까지	임차인 : 기간 만료 6개월 전부터 (1)개월 전까지
횟수 제한	(1)회에 한하여 (2)년으로 본다.	횟수 제한 (없음) 최초 기간을 (포함)하여 (10)년
거절 사유	(2)기 차임액을 연체한 사실이 있는 경우	(3)기 차임액을 연체한 사실이 있는 경우
	임대인(직계존속·비속 포함)이 (실제 거주)를 이유로 거절 가능	규정 없음
	동의 없이 일부 전대(○), 일부 멸실(○), 일부 파손(○), 일부 철거(×) 대부분 철거(○)	
손해 배상액	환산월차임 (3)개월분, 환산월차임 간 차액의 (2)년분, 갱신거절로 임차인이 입은 손해액 중에서 (큰) 금액	규정 없음
해지 통지	(임차인)은 언제든지 해지통지 가능 임대인이 통지를 받은 날부터 (3)개월이 지나면 계약해지의 효력발생 임대인은 해지통지(×)	(규정 없음)
전대차에 적용	규정 없음	임대인의 동의를 얻은 전대차에서 전차인이 **임차인의 계약갱신요구권 행사기간 범위 안에서** 임차인을 (대위)해서 계약갱신요구권 행사 가능

묵시적 갱신·계약갱신요구권

1 묵시적 갱신(임대인과 임차인이 모두 멍 때림)

구분	주택임대차보호법	상가건물 임대차보호법
갱신거절 통지	임대인 : 기간 만료 6개월 전부터 ( )개월 전까지	임대인 : 기간 만료 6개월 전부터 ( )개월 전까지
	임차인 : 기간 만료 ( )개월 전까지	임차인 : 규정 없음 따라서 ( ) 전까지 갱신거절의 통지 가능
존속기간	( )년으로 본다.	( )년으로 본다.
해지통지	( )은 언제든지 해지통지(통고) 가능 임대인이 통지를 받은 날부터 ( )개월이 지나면 계약해지의 효력발생	
예외	( )기의 차임액 연체하거나 의무를 현저히 위반한 임차인에게는 인정 안 됨	규정 없음

2 계약갱신요구권(임차인이 요구함)

구분	주택임대차보호법	상가건물 임대차보호법
행사 기간	임차인 : 기간 만료 6개월 전부터 ( )개월 전까지	임차인 : 기간 만료 6개월 전부터 ( )개월 전까지
횟수 제한	( )회에 한하여 ( )년으로 본다.	횟수 제한 ( ) 최초 기간을 ( )하여 ( )년
거절 사유	( )기 차임액을 연체한 사실이 있는 경우	( )기 차임액을 연체한 사실이 있는 경우
	임대인(직계존속·비속 포함)이 ( )를 이유로 거절 가능	규정 없음
	동의 없이 일부 전대( ), 일부 멸실( ), 일부 파손( ), 일부 철거( ) 대부분 철거( )	
손해 배상액	환산월차임 ( )개월분, 환산월차임 간 차액의 ( )년분, 갱신거절로 임차인이 입은 손해액 중에서 ( ) 금액	규정 없음
해지 통지	( )은 언제든지 해지통지 가능 임대인이 통지를 받은 날부터 ( )개월이 지나면 계약해지의 효력발생 임대인은 해지통지( )	( )
전대차에 적용	규정 없음	임대인의 동의를 얻은 전대차에서 전차인이 **임차인의 계약갱신요구권 행사기간 범위 안에서** 임차인을 ( )해서 계약갱신요구권 행사 가능

권리금 보호

1 권리금 보호 ⇨ (준)대규모점포는 적용(×), 국가·지자체는 적용(×), 전통시장은 적용(○)

임대인은 임대차기간이 끝나기 **6개월 전부터 (임대차 종료 시)까지** 다음의 방해 행위를 해서는 아니 된다(단, 계약갱신요구의 거절가능사유가 있는 경우에는 그러하지 아니 하다).

① 임차인이 주선한 신규임차인이 되려는 자에게 권리금을 **(요구)** 하거나, 임차인이 주선한 신규임차인이 되려는 자로부터 권리금을 **(수수)** 하는 행위

② 임차인이 주선한 신규임차인이 되려는 자로 하여금 **(임차인)** 에게 권리금을 지급하지 못하게 하는 행위

③ 임차인이 주선한 신규임차인이 되려는 자에게 상가건물에 관한 조세, 공과금, 주변 상가건물의 차임 및 보증금, 그 밖의 부담에 따른 금액에 비추어 **(현저히) 고액의 차임과 보증금을 요구하는 행위**

⇨ 신규임차인이 해당 건물에 못 들어 거니까 권리금을 못 주게 된다.

④ 그 밖에 정당한 사유 없이 임대인이 **임차인이 주선한 (신규임차인)이 되려는 자와 임대차계약의 체결을 거절하는 행위**

⇨ 신규임차인이 해당 건물에 못 들어 거니까 권리금을 못 주게 된다.

주의

① 임대인이 해당 건물의 철거 및 재건축 계획을 고지한 것은 방해 행위(×)

② 임차인이 (3)기의 차임액을 연체한 사실이 있는 경우 권리금 회수기회 보호를 못 받는다.

2 임차인이 주선한 신규임차인과의 임대차계약의 체결을 거절할 수 있는 정당한 사유

다음의 어느 하나에 해당하는 경우에는 임차인이 주선한 신규임차인과의 임대차계약의 체결을 거절할 수 있다.

① 임차인이 주선한 신규임차인이 되려는 자가 보증금 또는 차임을 지급할 **(자력)** 이 없는 경우

② 임차인이 주선한 신규임차인이 되려는 자가 임차인으로서의 **(의무)** 를 위반할 우려가 있거나, 그 밖에 임대차를 유지하기 어려운 상당한 사유가 있는 경우

⇨ ①과 ②에 대해서 임차인(신규임차인×)이 임대인에게 관련 정보를 제공하여야 한다.

③ 임대차목적물인 상가건물을 **(1)년 (6)개월(16개월×)** 이상 영리 목적으로 사용하지 아니한 경우

⇨ **(임대인)** 이 해당 건물을 1년 6개월 이상 창고로 사용하겠다고 말하면서 거절할 수 있다. 종전 소유자와 새로운 소유자의 비영리 사용기간을 **(합해서)** 1년 6개월 이상되어야 한다.

④ **(임대인)** 이 선택한 신규임차인이 임차인과 권리금 계약을 체결하고 그 권리금을 지급한 경우

⇨ 임대인이 소개해서 임차인이 권리금을 이미 받았는데 다른 신규임차인을 데려와서 다시 하겠다고 하면 거절할 수 있다(임차인이 이미 권리금을 받았으니까).

권리금 보호

1 **권리금 보호** ⇨ (준)대규모점포는 적용( ), 국가·지자체는 적용( ), 전통시장은 적용( )

임대인은 임대차기간이 끝나기 **6개월 전부터 (　　　　　　　)까지** 다음의 방해 행위를 해서는 아니 된다(단, 계약갱신요구의 거절가능사유가 있는 경우에는 그러하지 아니 하다).

① 임차인이 주선한 신규임차인이 되려는 자에게 권리금을 (　　)하거나, 임차인이 주선한 신규임차인이 되려는 자로부터 권리금을 (　　)하는 행위

② 임차인이 주선한 신규임차인이 되려는 자로 하여금 (　　)에게 권리금을 지급하지 못하게 하는 행위

③ 임차인이 주선한 신규임차인이 되려는 자에게 상가건물에 관한 조세, 공과금, 주변 상가건물의 차임 및 보증금, 그 밖의 부담에 따른 금액에 비추어 (　　) **고액의 차임과 보증금을 요구하는 행위**

　　⇨ 신규임차인이 해당 건물에 못 들어 거니까 권리금을 못 주게 된다.

④ 그 밖에 정당한 사유 없이 임대인이 **임차인이 주선한 (　　　　　)이 되려는 자와 임대차계약의 체결을 거절하는 행위**

　　⇨ 신규임차인이 해당 건물에 못 들어 거니까 권리금을 못 주게 된다.

주의

① 임대인이 해당 건물의 철거 및 재건축 계획을 고지한 것은 방해 행위( )

② 임차인이 (　)기의 차임액을 연체한 사실이 있는 경우 권리금 회수기회 보호를 못 받는다.

2 **임차인이 주선한 신규임차인과의 임대차계약의 체결을 거절할 수 있는 정당한 사유**

다음의 어느 하나에 해당하는 경우에는 임차인이 주선한 신규임차인과의 임대차계약의 체결을 거절할 수 있다.

① 임차인이 주선한 신규임차인이 되려는 자가 보증금 또는 차임을 지급할 (　　)이 없는 경우

② 임차인이 주선한 신규임차인이 되려는 자가 임차인으로서의 (　　)를 위반할 우려가 있거나, 그 밖에 임대차를 유지하기 어려운 상당한 사유가 있는 경우

　　⇨ ①과 ②에 대해서 임차인(신규임차인×)이 임대인에게 관련 정보를 제공하여야 한다.

③ 임대차목적물인 상가건물을 (　)년 (　)개월(16개월×) 이상 영리 목적으로 사용하지 아니한 경우

　　⇨ (　　　)이 해당 건물을 1년 6개월 이상 창고로 사용하겠다고 말하면서 거절할 수 있다.
　　　종전 소유자와 새로운 소유자의 비영리 사용기간을 (　　　　) 1년 6개월 이상되어야 한다.

④ (　　　　)이 선택한 신규임차인이 임차인과 권리금 계약을 체결하고 그 권리금을 지급한 경우

　　⇨ 임대인이 소개해서 임차인이 권리금을 이미 받았는데 다른 신규임차인을 데려와서 다시 하겠다고 하면 거절할 수 있다(임차인이 이미 권리금을 받았으니까).

3 위반 시의 효과

① 임대인이 위의 방해 행위를 하여 임차인에게 손해를 발생하게 한 때에는 그 손해를 배상할 책임이 있다. 이 경우 그 손해배상액은 신규임차인이 **(임차인)**에게 지급하기로 한 권리금과 임대차 **(종료)** 당시의 권리금(= 감정평가한 권리금) 중 **(낮은) 금액**을 넘지 못한다.

② 임차인의 손해배상청구권은 **임대차가 (종료)한 날부터 (3)년** 이내에 행사하지 아니하면 시효로 소멸한다.　　　　　(방해 행위를 한 날부터x)

③ 임대인의 권리금 회수기회 방해로 인한 **손해배상채무는 임대차가 종료한 날에 (이행기)가 도래하여 그 (다음) 날부터 지체 책임이 발생하는 것으로 보아야 한다.**

집합건물법

1 전유부분에 대한 구분소유권

(1) 의의

전유부분이란 구분소유권의 목적인 건물부분을 말한다. 따라서 구분소유권은 **(전유)부분(공용부분x)**을 목적으로 하는 소유권이다.

(2) 구분소유권의 성립요건

① 구조상(예 벽)·이용상(예 출입문)의 **(독립)**성

② 소유자의 **(구분)**행위(시기나 방식의 제한이 없음) : 구조상·이용상의 독립성을 갖추었다는 사유만으로 당연히 구분소유권이 성립한다고 할 수는 없고, 소유자의 **(구분)**행위가 있어야 비로소 구분소유권이 성립한다.

> **ox** 구분건물이 객관적·물리적으로 완성되더라도 그 건물이 집합건축물대장에 등록되지 않는 한 구분소유권의 객체가 되지 못한다.**(x)** ⇨ 건축허가신청이나 분양계약 등을 통하여 구분행위가 인정되면 구분건물이 객관적·물리적으로 완성되면 그 시점에서 구분소유가 성립한다.

2 공용부분

(1) 의의

공용부분이란 전유부분 이외의 건물부분을 말한다.

① 구조상(법정·당연) 공용부분: 건물의 구조상 공용에 제공되는 부분을 말한다. 예 건물의 승강기, 복도, 계단, 아파트지하실, 지하주차장 등이 있으며 **별도의 등기(x)**

② **(규약)**상 공용부분: 본래는 전유부분의 대상이 될 수 있으나 규약이나 공정증서로써 공용부분이 된 부분을 말한다(예 어린이집, 노인정). 이 경우에는 등기부에 **공용부분이라는 취지를 등기(○)**

(2) 공용부분의 귀속

① 공용부분은 원칙적으로 구분소유자 **(전원)**의 공유에 속한다. 다만, 일부 구분소유자만의 공용에 제공되는 것임이 명백한 공용부분은 **(그들)** 구분소유자의 공유에 속한다. 예 주상복합 건물에서 상가부분에 대한 승강기

② 각 공유자의 지분은 규약에 달리 정함이 없는 한 그가 가지는 전유부분의 **(면적)**의 비율에 의한다.

3. 위반 시의 효과

① 임대인이 위의 방해 행위를 하여 임차인에게 손해를 발생하게 한 때에는 그 손해를 배상할 책임이 있다. 이 경우 그 손해배상액은 신규임차인이 (   )에게 지급하기로 한 권리금과 임대차 (   ) 당시의 권리금(= 감정평가한 권리금) 중 (   ) **금액**을 넘지 못한다.

② 임차인의 손해배상청구권은 **임대차가 (   )한 날부터 (   )년** 이내에 행사하지 아니하면 시효로 소멸한다.　　　　　(방해 행위를 한 날부터×)

③ 임대인의 권리금 회수기회 방해로 인한 **손해배상채무는 임차가 종료한 날에 (   )가 도래하여 그 (   ) 날부터 지체 책임이 발생하는 것으로 보아야 한다.**

집합건물법

1. 전유부분에 대한 구분소유권

(1) 의의

전유부분이란 구분소유권의 목적인 건물부분을 말한다. 따라서 구분소유권은 (   )**부분(공용부분×)**을 목적으로 하는 소유권이다.

(2) 구분소유권의 성립요건

① 구조상(예 벽)·이용상(예 출입문)의 (   )성

② 소유자의 (   )행위(시기나 방식의 제한이 없음) : 구조상·이용상의 독립성을 갖추었다는 사유만으로 당연히 구분소유권이 성립한다고 할 수는 없고, 소유자의 (   )행위가 있어야 비로소 구분소유권이 성립한다.

> **OX** 구분건물이 객관적·물리적으로 완성되더라도 그 건물이 집합건축물대장에 등록되지 않는 한 구분소유권의 객체가 되지 못한다.(   ) ⇨ 건축허가신청이나 분양계약 등을 통하여 구분행위가 인정되면 구분건물이 객관적·물리적으로 완성되면 그 시점에서 구분소유가 성립한다.

2. 공용부분

(1) 의의

공용부분이란 전유부분 이외의 건물부분을 말한다.

① 구조상(법정·당연) 공용부분: 건물의 구조상 공용에 제공되는 부분을 말한다. 예 건물의 승강기, 복도, 계단, 아파트지하실, 지하주차장 등이 있으며 **별도의 등기(   )**

② (   )상 공용부분: 본래는 전유부분의 대상이 될 수 있으나 규약이나 공정증서로써 공용부분이 된 부분을 말한다(예 어린이집, 노인정). 이 경우에는 등기부에 **공용부분이라는 취지를 등기(   )**

(2) 공용부분의 귀속

① 공용부분은 원칙적으로 구분소유자 (   )의 공유에 속한다. 다만, 일부 구분소유자만의 공용에 제공되는 것임이 명백한 공용부분은 (   ) 구분소유자의 공유에 속한다. 예 주상복합건물에서 상가부분에 대한 승강기

② 각 공유자의 지분은 규약에 달리 정함이 없는 한 그가 가지는 전유부분의 (   )의 비율에 의한다.

(3) 공용부분의 사용, 비용부담 및 수익

① 각 공유자는 공용부분을 그 **(용도)에 따라(지분의 비율에 따라×)**사용할 수 있다.

② 각 공유자는 규약에 달리 정함이 없는 한 그 **(지분)**의 비율에 따라 공용부분의 관리비용 기타 의무를 부담하며 공용부분에서 생기는 이익을 취득한다.

③ 공유자가 공용부분에 관하여 다른 공유자에 대하여 가지는 채권은 그 **(특별)**승계인에 대하여도 행사할 수 있다.

　㉠ **공용부분의 체납관리비 : 특별승계인에게 승계(○), 중첩적으로 승계(○)**

　㉡ 공용부분의 관리비에 대한 연체료 : 특별승계인에게 승계(×)

　㉢ 전유부분의 체납관리비 : 특별승계인에게 승계(×)

(4) 공용부분의 처분제한

① 공유자의 공용부분에 대한 지분은 그가 가지는 **(전유)**부분의 처분에 따른다.

② 각 공유자는 그가 가지는 **전유부분과 (분리)하여 공용부분에 대한 지분을 처분할 수 없다(죽었다 깨나도 안 된다).**

③ 공용부분은 전유부분과 당연히 함께 이전하므로 **공용부분에 관한 물권의 득실변경은 등기(×)**

④ 집합건물의 공용부분은 취득시효에 의한 소유권 취득의 대상(×)

(5) 흠(하자)의 추정

전유부분이 속하는 1동의 건물 설치 또는 보존의 흠으로 인하여 다른 자에게 손해를 입힌 경우에는 그 흠은 **(공용)부분(전유부분×)**에 존재하는 것으로 추정한다.

3 대지사용권

(1) 의의

① 대지사용권이란 구분소유자가 그의 **(전유)**부분을 소유하기 위하여 건물의 대지에 대하여 가지는 권리를 말한다.

② 대지사용권은 통상적으로 소유권인 것이 보통이지만, 그 밖에 지상권, 임차권, 전세권 등도 대지사용권(○)

(2) 전유부분과 대지사용권의 일체성

① 구분소유자의 대지사용권은 그가 가지는 **(전유)**부분의 처분에 따른다.

② 구분소유자는 규약으로써 달리 정하는 경우가 아니라면 그가 가지는 전유부분과 분리하여 대지사용권을 처분할 수 없다. ⇨ **(규약)으로 달리 정하면 전유부분과 분리하여 대지사용권을 처분할 수 있다.**

③ 전유부분에만 설정된 저당권의 효력은 대지사용권에도 미친다. 따라서 법원의 경매절차에 의하더라도 전유부분과 대지사용권은 분리하여 처분할 수 **(없다.)**

④ 공용부분, 대지에 대하여 구분소유자는 분할을 청구할 수 **(없다.)**

(3) 공용부분의 사용, 비용부담 및 수익
① 각 공유자는 공용부분을 그 (   )에 따라(지분의 비율에 따라x)사용할 수 있다.
② 각 공유자는 규약에 달리 정함이 없는 한 그 (   )의 비율에 따라 공용부분의 관리비용 기타 의무를 부담하며 공용부분에서 생기는 이익을 취득한다.
③ 공유자가 공용부분에 관하여 다른 공유자에 대하여 가지는 채권은 그 (   )승계인에 대하여도 행사할 수 있다.
  ㉠ **공용부분의 체납관리비 : 특별승계인에게 승계( ), 중첩적으로 승계( )**
  ㉡ 공용부분의 관리비에 대한 연체료 : 특별승계인에게 승계( )
  ㉢ 전유부분의 체납관리비 : 특별승계인에게 승계( )

(4) 공용부분의 처분제한
① 공유자의 공용부분에 대한 지분은 그가 가지는 (   )부분의 처분에 따른다.
② 각 공유자는 그가 가지는 **전유부분과 (   )하여 공용부분에 대한 지분을 처분할 수 없다(죽었다 깨나도 안 된다).**
③ 공용부분은 전유부분과 당연히 함께 이전하므로 **공용부분에 관한 물권의 득실변경은 등기( )**
④ 집합건물의 공용부분은 취득시효에 의한 소유권 취득의 대상( )

(5) 흠(하자)의 추정
전유부분이 속하는 1동의 건물 설치 또는 보존의 흠으로 인하여 다른 자에게 손해를 입힌 경우에는 그 흠은 (   )**부분(전유부분x)**에 존재하는 것으로 추정한다.

3. 대지사용권
(1) 의의
① 대지사용권이란 구분소유자가 그의 (   )부분을 소유하기 위하여 건물의 대지에 대하여 가지는 권리를 말한다.
② 대지사용권은 통상적으로 소유권인 것이 보통이지만, 그 밖에 지상권, 임차권, 전세권 등도 대지사용권( )

(2) 전유부분과 대지사용권의 일체성
① 구분소유자의 대지사용권은 그가 가지는 (   )부분의 처분에 따른다.
② 구분소유자는 규약으로써 달리 정하는 경우가 아니라면 그가 가지는 전유부분과 분리하여 대지사용권을 처분할 수 없다. ⇨ (   )**으로 달리 정하면 전유부분과 분리하여 대지사용권을 처분할 수 있다.**
③ 전유부분에만 설정된 저당권의 효력은 대지사용권에도 미친다. 따라서 법원의 경매절차에 의하더라도 전유부분과 대지사용권은 분리하여 처분할 수 (   )
④ 공용부분, 대지에 대하여 구분소유자는 분할을 청구할 수 (   )

경매

1. 보증금 등

① 매수신청보증금 : **(최저매가가격)**의 10분의 1(매수가격×, 매수신고가격×)

② 항고보증금 : **(매각대금)**의 10분의 1

③ 차순위매수신고는 그 신고액이 최고가매수신고액에서 그 **(보증액)**을 뺀 금액을 **넘을 때에만 할 수 있다.** ox 넘지 않을 때만 할 수 있다.(×)

> 예 최저매각가격은 2억원, 매수신청보증금은 2천만원, 최고가매수신고액이 2억5천만원이라면 차순위매수신고는 2억5천만원 - **(2)**천만원 = **(2억3천)**만원을 넘을 때만 할 수 있다.

④ 경매가 개시되면 **(압류)**의 효력이 발생한다. but 경매신청이 취하되면 **(압류)**의 효력은 소멸한다.

2. 소제주의와 인수주의

① 모든 저당권·근저당권, 압류·가압류, **(담보)가등기**, 경매개시결정등기는 매각(경매)으로 소멸한다.

② **(보전)가등기**는 선순위이면 인수가 되고, 후순위이면 경매로 소멸한다.

③ **(최선순위)** 전세권은 인수가 원칙이지만, **(배당요구)**를 한 경우에는 소멸한다.

3. 후순위여도 인수되는 것

① **(유치)**권, 법정지상권은 말소기준권리보다 후순위여도 인수가 된다.

② 매수인은 유치권으로 담보되는 채권을 변제할 책임이 **(있다.)** ⇨ 매수인 입장

③ 유치권자는 매수인에게 적극적 변제청구는 불가능하다. but 피담보채권의 변제가 있을 때까지 목적물의 인도를 **(거절)**할 수 있다. ⇨ 유치권자 입장

④ 압류의 효력이 발생한 후 경매목적물의 점유를 취득한 유치권자는 매수인에게 대항할 수 **(없다.)** (압류의 효력이 발생한 후 = 경매가 개시된 후)

4. 경매절차

① 경매 시 토지거래허가는 **(면제)**가 되고, 농지취득자격증명은 발급받아야 한다.
   ⇨ 농지취득자격증명을 매각결정기일까지 제출(○), 매수신청 시 제출(×)

② 매각결정기일은 매각기일부터 **(1주)** 이내로 정해야 한다.

③ 대금지급**(기한)**(대금지급기일×)은 매각허가결정이 확정된 날부터 **(1)**개월 안의 날로 정한다.

④ 대금지급기한이 지나기 전에 대금을 완납하면 **(즉시)** 소유권을 취득한다(대금지급기한이 지난 후 소유권 취득×).

⑤ 재매각은 매수인이 **(매각대금)**을 납부하지 않아 실시하는 경매이다. ⇨ 저감이 없다. = **(종전)**의 최저매각가격을 적용한다(낙찰된 것이니까).

⑥ 불허가결정으로 다시 하는 새매각은 저감이 없다(낙찰된 것이니까).
   but 유찰이 되서〔= 허가할 **(매수가격)**의 신고가 없음〕실시하는 새매각은 저감이 있다(= 최저매각가격을 상당히 낮춘다).

⑦ 확정일자부 임차인(우선변제권)과 소액임차인(최우선변제권)도 **(배당요구의 종기)**까지 배당요구를 하여야 한다. but 첫 경매개시결정등기 전에 임차권등기명령에 의해 임차권등기를 경료한 임차인과 **(강제)**경매를 신청한 임차인은 배당요구 불필요하다.

▨ 경 매 ▨

1 보증금 등

① 매수신청보증금 : (   )의 10분의 1(매수가격×, 매수신고가격×)

② 항고보증금 : (   )의 10분의 1

③ 차순위매수신고는 그 신고액이 최고가매수신고액에서 그 (   )을 뺀 금액을 **넘을 때에만 할 수 있다.** ox 넘지 않을 때만 할 수 있다.( )

  ㊀ 최저매각가격은 2억원, 매수신청보증금은 2천만원, 최고가매수신고액이 2억5천만원이라면 차순위매수신고는 2억5천만원 - ( )천만원 = (   )만원을 넘을 때만 할 수 있다.

④ 경매가 개시되면 (   )의 효력이 발생한다. but 경매신청이 취하되면 (   )의 효력은 소멸한다.

2 소제주의와 인수주의

① 모든 저당권·근저당권, 압류·가압류, (   )**가등기**, 경매개시결정등기는 매각(경매)으로 소멸한다.

② (   )**가등기**는 선순위이면 인수가 되고, 후순위이면 경매로 소멸한다.

③ (   ) 전세권은 인수가 원칙이지만, (   )를 한 경우에는 소멸한다.

3 후순위여도 인수되는 것

① (   )권, 법정지상권은 말소기준권리보다 후순위여도 인수가 된다.

② 매수인은 유치권으로 담보되는 채권을 변제할 책임이 (   ) ⇨ 매수인 입장

③ 유치권자는 매수인에게 적극적 변제청구는 불가능하다. but 피담보채권의 변제가 있을 때까지 목적물의 인도를 (   )할 수 있다. ⇨ 유치권자 입장

④ 압류의 효력이 발생한 후 경매목적물의 점유를 취득한 유치권자는 매수인에게 대항할 수 (   ) (압류의 효력이 발생한 후 = 경매가 개시된 후)

4 경매절차

① 경매 시 토지거래허가는 (   )가 되고, 농지취득자격증명은 발급받아야 한다.

  ⇨ 농지취득자격증명을 매각결정기일까지 제출( ), 매수신청 시 제출( )

② 매각결정기일은 매각기일부터 (   ) 이내로 정해야 한다.

③ 대금지급(   )(대금지급기일×)은 매각허가결정이 확정된 날부터 ( )개월 안의 날로 정한다.

④ 대금지급기한이 지나기 전에 대금을 완납하면 (   ) 소유권을 취득한다(대금지급기한이 지난 후 소유권 취득×).

⑤ 재매각은 매수인이 (   )을 납부하지 않아 실시하는 경매이다. ⇨ 저감이 없다. = (   )의 최저매각가격을 적용한다(낙찰된 것이니까).

⑥ 불허가결정으로 다시 하는 새매각은 저감이 없다(낙찰된 것이니까).
  but 유찰이 되서[= 허가할 (   )의 신고가 없음] 실시하는 새매각은 저감이 있다(= 최저매각가격을 상당히 낮춘다).

⑦ 확정일자부 임차인(우선변제권)과 소액임차인(최우선변제권)도 (   )까지 배당요구를 하여야 한다. but 첫 경매개시결정등기 전에 임차권등기명령에 의해 임차권등기를 경료한 임차인과 (   )경매를 신청한 임차인은 배당요구 불필요하다.

매수신청대리인등록

① 법인인 개업공인중개사와 공인중개사인 개업공인중개사만 매수신청대리인 등록을 할 수 있다. ⇨ 그냥 공인중개사(×), 소속공인중개사(×), 부칙상의 개업공인중개사(×)
　　㉠ 중개업 휴업이면 매수신청 대리업무를 (정지)하여야 한다.
　　㉡ 중개업 폐업이면 매수신청대리인 등록을 (취소)하여야 한다.

주의

매수신청대리업은 별개의 업종인데 중개업을 하면서 같이 해야 한다. 중개업을 안 하면 매수신청대리업도 (못) 한다.

② **경매대상 - 대리** ⇨ 이 경우만 매수신청대리인 등록이 필요
　〔공매대상은 등록(×), 권리분석은 등록(×), 취득알선은 등록(×)〕

③ (주된) 사무소 소재지를 관할하는 (지방법원장)에게 등록, (14)일 이내에 등록처분

④ 경매관련 실무교육 : **법인인 개업공인중개사는 (대표자)만 수료, (법원행정처장)이 지정**하는 교육기관에서 수료, 교육시간은 32시간 이상 (44)시간 이내, 평가 (有)
　동일 계열은 1년 이내 면제(○), 교차는 면제(×)

⑤ 업무보증 : 보증금액은 중개업과 동일하다(법인인 개업공인중개사 (4)억원 이상, 분사무소 추가로 (2)억원 이상, 공인중개사인 개업공인중개사는 2억원 이상). but 설정 시기는 (미리) **설정**한다. ox 매수신청대리인으로 등록한 개업공인중개사는 업무보증을 설정해야 한다.(×)
　⇨ 등록하고자(○)

⑥ 매수신청대리권의 범위 : **매수신청, 매수신고, 입찰** 이라는 단어가 보이면 가능하다. but 매수신청대리인된 사건에 있어서 매수신청인으로서 (매수신청)을 하는 행위는 할 수 없다.
　중개대상물 = 매수신청대리 대상물 ⇨ 입목, 광업재단, 공장재단, 미등기 건물도 매수신청대리 대상물에 해당(○)

⑦ 대리행위의 방식 : 개업공인중개사가 법원에 (직접) 출석, 소속공인중개사가 대리 출석(×)
　대리행위를 할 때마다 위임장을 제출한다. 다만, 같은 날 같은 장소 동시에 하는 경우에는 하나의 서면으로 (갈음)할 수 있다.

⑧ 사건카드 5년간 보존, 확인·설명서 사본을 사건카드에 (철하여) 5년간 보존, 매수인이 인수 및 부담해야 할 사항, 경제적 가치도 확인·설명사항에 해당한다(**경매 - 경**제적 가치). ⇨ 위임계약 체결한 (후)에 설명

⑨ 매수인이 된 경우 : 감정가 (1)% 또는 최저매각가격의 (1.5)% 범위 안에서 합의로 결정
　최고가매수인이 되지 못한 경우, 상담 또는 권리분석 : (50)만원 범위 안에서 합의로 결정
　실비는 (30)만원 범위 안에서 합의로 결정 but 통상 비용은 청구할 수 (없다.)
　⇨ 영수증 有, 중개업에 사용하는 인장을 사용, **위임계약 체결 (전)에 보수표와 보수에 대해서 설명해야 한다.**

⑩ 매수신청대리 보수지급시기 : 약정이 없다면 매각대금의 (지급기한일)

⑪ 사망 시에 (세대)를 같이하고 있는 자가 매수신청대리인등록증을 반납해야 하고, 해산 시에는 대표자 또는 (임원)이었던 자가 매수신청대리인등록증을 반납해야 한다.

⑫ 업무정지기간은 1개월 이상 (2)년 이하 ★ 드럽게 길어서 욕 나온다~ 2년
　업무정지사실을 (출입문)에 표시해야 한다.

⑬ 특별한 경우를 제외하고는 법원의 명칭이나 휘장은 사용(×)

매수신청대리인등록

① 법인인 개업공인중개사와 공인중개사인 개업공인중개사만 매수신청대리인 등록을 할 수 있다. ⇨ 그냥 공인중개사( ), 소속공인중개사( ), 부칙상의 개업공인중개사( )

　　㉠ 중개업 휴업이면 매수신청 대리업무를 (　　　)하여야 한다.

　　㉡ 중개업 폐업이면 매수신청대리인 등록을 (　　　)하여야 한다.

주의

매수신청대리업은 별개의 업종인데 중개업을 하면서 같이 해야 한다. 중개업을 안 하면 매수신청대리업도 (　) 한다.

② **경매대상 - 대리** ⇨ 이 경우만 매수신청대리인 등록이 필요

　〔공매대상은 등록(　), 권리분석은 등록(　), 취득알선은 등록(　)〕

③ (주된) 사무소 소재지를 관할하는 (　　　　　)에게 등록, (　)일 이내에 등록처분

④ 경매관련 실무교육 : **법인인 개업공인중개사는** (　　　)만 수료, (　　　　　)이 지정하는 교육기관에서 수료, 교육시간은 32시간 이상 (　)시간 이내, 평가 (　)

　　동일 계열은 1년 이내 면제(　), 교차는 면제(　)

⑤ 업무보증 : 보증금액은 중개업과 동일하다(법인인 개업공인중개사 (　)억원 이상, 분사무소 추가로 (　)억원 이상, 공인중개사인 개업공인중개사는 2억원 이상). but 설정 시기는 (　　　) **설정**한다. ox 매수신청대리인으로 등록한 개업공인중개사는 업무보증을 설정해야 한다.(　)

　⇨ 등록하고자(○)

⑥ 매수신청대리권의 범위 : **매수신청, 매수신고, 입찰** 이라는 단어가 보이면 가능하다. but 매수신청대리인된 사건에 있어서 매수신청인으로서 (　　　)을 하는 행위는 할 수 없다.

　중개대상물 = 매수신청대리 대상물 ⇨ 입목, 광업재단, 공장재단, 미등기 건물도 매수신청대리 대상물에 해당(　)

⑦ 대리행위의 방식 : 개업공인중개사가 법원에 (　) 출석, 소속공인중개사가 대리 출석(　)

　대리행위를 할 때마다 위임장을 제출한다. 다만, 같은 날 같은 장소 동시에 하는 경우에는 하나의 서면으로 (　)할 수 있다.

⑧ 사건카드 5년간 보존, 확인·설명서 사본을 사건카드에 (　　) 5년간 보존, 매수인이 인수 및 부담해야 할 사항, 경제적 가치도 확인·설명사항에 해당한다(**경매 - 경**제적 가치). ⇨ 위임계약 체결한 (　)에 설명

⑨ 매수인이 된 경우 : 감정가 (　)% 또는 최저매각가격의 (　)% 범위 안에서 합의로 결정

　최고가매수인이 되지 못한 경우, 상담 또는 권리분석 : (　)만원 범위 안에서 합의로 결정

　실비는 (　)만원 범위 안에서 합의로 결정 but 통상 비용은 청구할 수 (　　)

　⇨ 영수증 有, 중개업에 사용하는 인장을 사용, **위임계약 체결 (　)에 보수표와 보수에 대해서 설명해야 한다.**

⑩ 매수신청대리 보수지급시기 : 약정이 없다면 매각대금의 (　　　　　)

⑪ 사망 시에 (　)를 같이하고 있는 자가 매수신청대리인등록증을 반납해야 하고, 해산 시에는 대표자 또는 (　)이었던 자가 매수신청대리인등록증을 반납해야 한다.

⑫ 업무정지기간은 1개월 이상 (　)년 이하 ★ 드럽게 길어서 욕 나온다~ 2년

　업무정지사실을 (　　)에 표시해야 한다.

⑬ 특별한 경우를 제외하고는 법원의 명칭이나 휘장은 사용(　)

송성호

대원외고 졸업
고려대학교 경영학과 졸업
2007년~2008년 노량진 이그잼고시학원 공인중개사법 강의
2008년~2016년 랜드삼 공인중개사법 강의
2012년~2013년 노량진 제일고시학원 공인중개사법 강의
2017년~2020년 랜드프로 공인중개사법 강의
2017년~2018년 노량진 한국법학교육원 공인중개사법 강의
2019년 EBS TV 공인중개사법 강의
2019년 메가랜드 공인중개사법 강의
2020년~2023년 에듀윌 공인중개사법 강의
現 박문각 공인중개사법 강의
現 유튜브 '송쌤의 공인중개사법' 운영

제36회 공인중개사 시험대비 **전면개정판**

2025 박문각 공인중개사
송성호 중개사법 야, 나도 채울 수 있어! 빵구노트

초판인쇄 | 2025. 1. 20. **초판발행** | 2025. 1. 25. **편저** | 송성호 편저
발행인 | 박 용 **발행처** | (주)박문각출판 **등록** | 2015년 4월 29일 제2019-000137호
주소 | 06654 서울시 서초구 효령로 283 서경빌딩 4층 **팩스** | (02)584-2927
전화 | 교재 주문 (02)6466-7202, 동영상문의 (02)6466-7201

저자와의
협의하에
인지생략

정가 15,000원

ISBN 979-11-7262-578-8